周文化传承丛书

勤 廉 卷

总主编◎傅乃璋　　本卷主编◎邵宏涛

岐山周文化研究会　编

中国文史出版社

图书在版编目（CIP）数据

周文化传承丛书. 勤廉卷 / 傅乃璋总主编；邵宏涛主编；岐山周文化研究会编. —北京：中国文史出版社，2023.12

ISBN 978-7-5205-4369-9

Ⅰ.①周… Ⅱ.①傅… ②邵… ③岐… Ⅲ.①周文化（考古学）–研究 ②廉政建设–研究–中国–周代 Ⅳ.①K871.34 ②D691.49

中国国家版本馆CIP数据核字（2023）第232950号

责任编辑：王文运　赵姣娇

出版发行：中国文史出版社

社　　址：北京市海淀区西八里庄路69号　邮编：100142
电　　话：010-81136606　81136602　81136603（发行部）
传　　真：010-81136655
印　　装：陕西省岐山彩色印刷厂
经　　销：全国新华书店
开　　本：787mm×1092mm　1/16
总 印 张：109
总 字 数：1406千字
版　　次：2024年9月北京第1版
印　　次：2024年9月第1次印刷
总 定 价：360.00元（全八册）

《周文化传承丛书》编辑委员会

序

宫长为

习近平总书记指出："中华优秀传统文化是中华文明的智慧结晶和精华所在，是中华民族的根和魂，是我们在世界文化激荡中站稳脚跟的根基。"传承中华优秀传统文化，弘扬中华民族精神，推动中华优秀传统文化创造性转化、创新性发展，是增强文化自觉、坚定文化自信、培育和践行社会主义核心价值观、建设社会主义文化强国的必然要求，也是历史和时代发展的必然要求。因此，我们要特别重视挖掘中华五千年文明中的精华，弘扬中华优秀传统文化，要从根脉抓起。周文化是儒家文化的源泉，是中华优秀传统文化的主要根脉。

李学勤先生指出："研究周文化，要把目光集中到作为周人发祥地的岐山周原。在整个西周三百年间，岐周一直保持着政治上中心之一的地位，而且从当今的工作来说，探求周文化一定离不开岐周。"这为我们研究周文化指明了方向。岐山是一块物华天宝、人杰地灵的宝地。3000多年前，居住在豳地的周部族首领古公亶父，因受到戎狄部落侵扰，便率部众离开故土，渡过漆水、沮水，翻越梁山，迁徙到岐下周原。在这块钟灵毓秀的土地上，他们修建都邑、建邦立国，拉开了翦商崛起的序幕。历经王季、

1

文王、武王数代人的共同努力，周人励精图治、自强不息，终于推翻了殷商王朝，建立了西周王朝。后继之君成王、康王在周公旦、召公奭、太公望等重臣的辅佐下，开创了我国历史上第一个治世——成康之治。与此同时，周人也创造出博大精深、泽被千秋的周文化。以周公旦为代表的统治者，总结并吸取了夏商两代灭亡的教训，在治国理政的实践中提出了"以德配天""敬德保民""明德慎罚"等德政思想，尤其是他们所创立的礼乐制度对后世产生了深远的影响。周文化是中华优秀传统文化的基石，是中国古代文明发展的高峰。在历史长河中，伏羲、女娲、神农三皇时期，是中华文明的奠基阶段，黄帝、颛顼、帝喾、尧、舜五帝时期是中华文明的开创阶段，而在夏商周三代，中华文明进入了长足发展的阶段，周文化已经显示出人类文明达到了一个前所未有的新高度。岐山作为周原的核心区域之一，文化底蕴深厚，周文化遗存极为丰富，这为我们研究周文化提供了珍贵的资料。

2015年至今，中国先秦史学会周公思想文化研究会在岐山县举办了五届周文化暨周公思想文化研讨会，我因此与岐山结下了不解之缘，也结识了一些岐山朋友。令我印象深刻的是：岐山作为一个文化大县，当地政府非常重视文化建设工作，有一批情系乡梓、热爱地方优秀传统文化的有识之士，每次去岐山，都能在文化建设方面看到新成果。将传承弘扬周文化与培育和践行社会主义核心价值观及乡风文明建设相结合，是岐山县在新时代精神文明建设、公民道德建设和文化建设工作方面的一大创举。2015年10月，全国首届周文化暨周公思想文化研讨会在岐山召开，时任岐山县政协主席傅乃璋先生带领县政协一班人，组织岐山学人历时 4 年，编撰出版了一套八卷本的《周文化丛书》，为当时的研讨会献上了一份厚重的贺礼。《周文化丛书》是岐山县在文化建设工作方面取得的丰硕成果之一，也是中国周文化研究最重要的成果之一，为传承弘扬周文化、宣传岐山作出了重要贡献。陈宗兴、李学勤、孟建国三位先生为丛书作序，予以高度评价。

近年来，受疫情影响，我去岐山的机会少了，但一直关注着岐山周文化研究和文化建设等方面工作。傅乃璋先生乡梓情深，热衷于周文化传承弘扬工作，退休后当选为岐山周文化研究会会长，继续发挥余热。他带领岐山周文化研究会同仁，深入贯彻岐山县第十八次党代会精神，切实落实岐山县委、县政府"做活周文化"战略部署，历时 3 年，数易其稿，精心编撰出一套由《勤廉卷》《德行卷》《诚信卷》《家风卷》《教育卷》《孝道卷》《礼俗卷》《人物卷》共八卷组成的《周文化传承丛书》，基本上涵盖社会主义核心价值观与公民道德建设的方方面面，成就显著。这套丛书与2015年出版的《周文化丛书》交相辉映、相得益彰，互为姊妹篇章。这套丛书以传承周文化、弘扬中华传统美德、培育和践行社会主义核心价值观、助推乡风文明建设为宗旨，将周文化思想理念、历史典故、伦理道德、传统美德、礼仪民俗、家风家训、名言警句、岐山教育、岐山名人、现代岐山人先进事迹等融为一体，具有较强的思想性、理论性和可读性，是一套传承和弘扬周文化，培育和践行社会主义核心价值观，推进精神文明建设、公民道德建设和乡风文明建设的文化精品。对传承和弘扬地方优秀传统文化、推进岐山县高质量发展具有重要的借鉴价值和现实意义。

《周文化传承丛书》出版在即，傅乃璋先生邀我为丛书作序，盛情难却，写下以上文字为序，是否妥当？敬请广大读者指正。希望这套丛书能得到广大读者朋友们的欢迎，也期盼大家多提宝贵意见，共同将中华优秀传统文化发扬光大，为增强文化自觉、坚定文化自信，建设社会主义文化强国作出更大贡献。

2023年12月于北京

（宫长为：中国先秦史学会会长、中国社会科学院中国历史研究院古代史研究所研究员）

目　录

概　述

　　中华民族在几千年的历史长河中，形成了仁、义、礼、智、信、温、良、恭、俭、让、忠、孝、廉、耻、勇、勤、诚、悌等道德伦理规范体系，深刻地影响着中国人为人处世和待人接物的方式。同时也造就了中华民族勤劳俭朴、崇尚清廉、敢于担当的民族品格。

　　勤廉是中华民族的传统美德之一，其基本含义为勤勉、俭朴、清正、廉洁，是古往今来老百姓对一心为民、夙夜在公、清正廉洁的官员最高的赞誉，更是为政者必须遵循的最重要的职业道德规范。岐山是周文化的发祥地，是周王室肇基之地，是"勤政爱民、廉政为民"思想的滥觞地。3000多年来，在这块神奇的土地上演绎了一个个荡气回肠的勤廉故事。周太王、太（泰，下同）伯、仲雍、王季、文王、武王、周公、召公、太公、李淳风、杨武等诸多圣贤们以为百姓谋福利、为万世开太平的宏愿，不辞艰辛，亲躬亲为。他们勤政爱民、廉政为民、治身以俭、清正廉洁，为中华民族留下了宝贵的精神财富，为岐山人民留下了传家宝。

　　时代在发展，社会在进步，传家宝不能丢。国家的腾飞与发展，离不开我们每一人的勤奋工作，廉洁从业，恪尽职守，兢兢业业。新时代的岐山人，秉承了祖辈世代相传的优良传统，以鲜明的时代精神，积极进取。他们在各行各业不同领域为岐山乃至国家的发展进步、人民的富足幸福而不懈奋斗，涌现出大批杰出的勤廉楷模，如勇挑重担的苏权科、勤于筑梦的巨晓林、乐于笔耕的冯积岐……

历史前行的每一步，无不需要精神力量的推动。精神是一个民族赖以长久生存的灵魂，唯有精神上达到一定的高度，这个民族才能在历史洪流中屹立不倒、奋勇向前。在有文字记载的3000多年中国历史长河中，灿若繁星，多不胜数的先贤英雄们，以其璀璨的勤廉之光，共同照亮了华夏历史的天空。在传承弘扬中华优秀传统文化，培育和践行社会主义核心价值观的时代大背景下，编撰《勤廉卷》的目的是更好地传承周文化中的勤廉思想、弘扬新时代勤廉文化，增强文化自觉、坚定文化自信，为实现中华民族伟大复兴而奋斗。由于资料和见识所限，我们只能撷取星星点点，演绎并诠释中华儿女身上所拥有的勤廉美德，使其精神之光温暖、照亮我们的心灵。

勤，重在奉献；廉，贵在坚持。愿我们真正树立起"以勤为业、笃行实干""以廉为荣、以贪为耻"的事业观和道德观，从勤政爱民、廉政为民的历代圣贤身上领悟更丰富的思想内涵，将勤廉文化永久地传承下去，切实担当起实现中华民族伟大复兴的历史重任。

第一章　话说勤廉

　　勤廉既是中华传统美德之一，又是中华民族的优秀品质和我国古代社会文明程度的标志，更是中华优秀传统文化的重要组成部分。勤廉思想是周文化的重要思想理念之一，其基本内涵是勤劳勇敢、廉洁奉公、推崇诚信、公平公正。长期以来，勤廉是我国古代社会各阶层高度认同的社会价值观，在人生理念和价值追求中占有重要地位。在今天，勤廉仍然是值得我们大力传承和弘扬的传统美德。

　　本章共分八节，第一至第三节从不同层面简要论述了勤廉文化的渊源、发展、演变、与周文化的关系及其时代价值；第四至第六节，从不同角度反映周代勤廉思想理念和周人勤廉治国的具体措施；第七至第八节，介绍了岐山勤廉教育基地建设的基本情况。

说　勤

勤劳是中华民族的传统美德，是一个人、一个家庭、一个团体、一个国家和一个民族事业取得成功的关键。古语云："一勤天下无难事。""治生之道，莫尚乎勤。""一日之计在于晨，一岁之计在于春，一生之计在于勤。"唐代文学家韩愈说："业精于勤。"学业的精深造诣来源于勤。

勤，就是要珍惜时间，勤于学习，勤于思考，勤于探索，勤于实践。古今凡有建树者，无不成功于勤。

勤出成果。司马迁著《史记》，从 20 岁起就开始游学四方，足迹遍及黄河、长江流域，汇集了大量的社会素材和历史素材，为《史记》的创作奠定了基础。北宋司马光花了 19 年时间，搜集了从周威烈王二十三年（前 403 年）到五代后周世宗显德六年（959 年）涵盖 16 朝 1362 年的历史资料，主持编撰了一部 294 卷本编年体史书《资治通鉴》。我国当代数学家陈景润，在攀登数学高峰的道路上，翻阅了国内外上千本有关资料，通宵达旦地看书学习，取得了震惊世界的成就。上海一个女青年坚持自学，十年如一日，终于考上了高能物理研究生。可见，任何一项成就的取得都是与勤分不开的。

勤出智慧。3000 多年前的西伯昌，他广施仁政，引起殷纣猜忌，被纣囚于羑里。西伯昌被囚七年，将伏羲八卦推演为六十四卦，著成群经之首的《周易》一书。宋代学者朱熹讲过一个故事：福州有一个叫陈正之的人，反应相当迟钝，读书每次只能读 50 个字，一篇小文章也要读一二百遍才能熟。但他不懒不怠，勤学苦练，别人读一遍，他就读三遍四遍，天长日久，知识与日俱增，后来读书很多，成了博学之士。俗话说"勤能补拙"，即使天资比较差，反应比较迟钝，只要勤快，同样也是可以变拙为巧的。

实践证明，一个人知识的多寡，关键在于勤的程度如何。懒惰者，永远不会在事业上有所建树，永远不会使自己聪明。唯有勤奋者，才能在无限的知识海洋里猎取到真智实才，开拓知识领域，使自己聪明。我国著名桥梁专家茅以升说："人的大脑和肢体一样，多用则灵，不用则废。"我想每一个渴望人生取得成就的人，是一定能够体会到"勤"的深刻含义的。

勤劳是中华民族千百年来的行为倡导和传统美德。史前时代就有诸多歌颂勤劳的神话，因勤劳能干而被尧封赏土地的后稷、因争取更多劳动时间而追逐太阳的夸父、因解救人类于漫长黑夜而辛勤钻木取火的燧人氏等，无一不在勉励人们要勤劳勇敢、自强不息、无私奉献。

勤劳是新时代接续奋斗的重要品格和精神力量。习近平总书记指出："今日中国，正面临近代以来最好的发展时期，也正处于世界百年未有之大变局，仍需我们凭着勤劳、智慧、勇气，以信仰、信念、信心铸就精神的力量。"中国特色社会主义进入新时代，意味着近代以来久经磨难的中华民族迎来了从站起来、富起来到强起来的伟大飞跃。有人将中国的发展奇迹称为"勤劳革命"，是中国人的勤劳与奋斗将不可能变成了可能，用几十年时间走完了发达国家几百年走过的工业化历程。

勤是一种作为、一种责任、一种坚守，更是一种担当。实现中华民族伟大复兴的中国梦，需要我们继续弘扬勤劳美德，为创造幸福生活而不懈奋斗。

话　廉

何谓廉？"廉"字最早见于《尚书·虞书·皋陶谟》，皋陶提出为政者应具备"九德"，其中就有"简而廉"，而"廉洁"一词最早出现在屈原的《楚辞·招魂》中："朕幼清以廉洁兮，身服义尔未沫。"因此，廉自古以来有多种解释，廉是一种德行，归结起来，主要是指廉洁、节俭之意。东汉学者王逸在《楚辞·章句》中讲："不受曰廉，不污曰洁。"即不接受他人财物，不让自己人品受到玷污，这就是廉洁。《淮南子·原道》中有"不以奢为乐，不以廉为悲"之说，其中廉相对于奢侈而言，其应为节俭、节约之意。《后汉书·乐羊子妻传》中有"廉者不受嗟来之食"之句，该句是要表达"不食嗟来之食"这么一种人所应具有的品格。不食嗟来之食当然是有骨气、方正、刚直之人才能做得到。明代万历年间史志《宛署杂记·乡贤》中有"廉贞寡欲，不营资产，衣食至常不足，妻子不免饥寒"之语，这是古人对美德追求的一种境界，尤其是希望执政者能够做到如此，廉贞寡欲、不营资产，以至衣食至常不足，妻子孩子难免饥寒之困，此中的廉应指廉洁，要求为政者做到不贪不占，寡欲以至廉。因此，在古代汉语中，廉还指方正、刚直的性格，有铮铮骨气。

而今人所说廉，主要是指公职人员廉洁自律，不贪污腐败，是社会公众对公职人员的一种心理期待，要求国家工作人员处事为公，不谋私利。

要做到清廉，应当寡欲而不营资产。只有静心寡欲，才能抵制各种诱惑，不为非法名利所动，将精力用于执政事业，为人民做出更大的贡献。观当今社会，不乏为政者物欲横流，难以清心寡欲，费尽心思营资产，不惧违法违纪，以各种形式涉足商业领域，插手经济事务，以图私利。不少人也为之付出了惨痛的代价，近年来，不少省部级高官纷纷落马，就是最好的明证。

要做到清廉，应当不图奢侈。公职人员应当廉洁自律，勤政节俭。但现实生活中，不乏有为政者随着官职的晋升，权力的增大，逐渐贪图享乐，追求奢侈的生活。常见诸报端的是官员吃天价饭、喝天价酒、抽天价烟。

要做到清廉，还要具有方正、刚直的品格。公职人员的权力由人民赋予，代表国家行使职权，应当树立光辉形象，具备方刚、正直的品格。贪污腐败者毕竟是少数，贪腐者不仅有贪腐之心，还需有一定的权力，而大多数公职人员处于基层，权力较小，当相对不高的收入难以维持体面的生活时，有不少人难以廉洁立身，向权力、富贵尽谄媚，缺乏骨气，为五斗米折腰。

廉对于一般公职人员而言，是一种美德，是一种优秀的品格，而对于领导者而言，则是为政的基本要求，能做到廉才具备执政为民的基本前提，才能真正以民众福祉为所盼，才能呕心沥血图政绩。

宋人吕本中在《官箴》中写道："当官之法唯有三事：曰清、曰慎、曰勤。知此三者，可以保禄位，可以远耻辱，可以得上之知，可以得下之援。"其将为官的诀窍总结为三点：清廉、谨慎、勤勉。认为掌握了这三点，就可以保住官位，远离耻辱，获得上司的知遇，得到下级的支持。可见，清廉是做官的第一紧要之事，是为官通顺的诀窍。

清廉还能够使国家长治久存，因为在政治腐败时，如同用泥土涂墙以固房屋；在政治清明时，如同用清水洗涤除污，无论政治环境怎么样，清廉均能起积极作用，利于国家长治久安。

公职人员只有做到廉洁自律，才能在具体工作中真正做到以人民福祉为所图，以人民利益为所盼，做人民满意的公职人员。

崇廉，就是崇尚廉洁。廉洁是指向社会公共利益和正义价值的一种情操，以及据此产生的道德行为和状态。据《辞海》释义，"廉洁"即清廉、清白。廉洁的本意是指行动主体一方面"公利"，能够节制私欲去除私利考量，行为唯义所遵、不贪不占，自觉维护他人和公共利益，绝不利用手中的权力损公肥私、损人利己；另一方面，坚守"公正"，行为正当合理，所遵循的原则前后一致，诚信守诺、不偏不倚，平等对待所有人。

我国的廉洁文化源远流长、博大精深，并伴随着几千年的文明发展而不断丰富。党的十八大以来，习近平总书记高度重视党风廉政建设和反腐败斗争，对党员干部尤其是领导干部提出"廉洁自律""廉洁从政""廉洁用权""廉洁修身""廉洁治家""廉洁奉公""明大德、守公德、严私德""把干净和担当、勤政和廉政统一起来""正心修身、涵养文化，守住为政之本""永葆清正廉洁的政治本色"等明确要求，强调"信仰、信念、信心是最好的防腐剂""加强反腐倡廉教育和廉政文化建设""涵养廉洁文化""弘扬忠诚老实、公道正派、艰苦奋斗、清正廉洁等价值观""发展积极健康的党内政治文化"等，这些指示为新时代廉洁文化建设指明了方向。作为党员干部，应当不断从廉洁文化中汲取养分，抵挡住诱惑，做到廉洁自律。

勤 廉 文 化

在中华文明五千多年的历史长河中，中华民族以自强不息、厚德载物的民族精神创造了博大精深、灿烂辉煌的中华文化。勤廉文化是中华优秀传统文化的重要组成部分，对中国经济、政治、文化、社会等各方面产生了极为深远的影响。

勤廉文化是以勤奋、节俭、敬业、廉洁、自律、担当为价值理念，以堂堂正正、清清白白做人，认认真真、勤勤恳恳做事为行为准则的一种精神和制度层面的文化。勤廉文化的核心理念是勤俭与廉洁，因此，又分为勤文化和廉文化。勤是一种精神力量，是一种积极进取的人生态度，以勤立身、以勤立世，民生于勤、国立于勤，已成为个人和国家持续发展的不竭动力。廉是一种道德力量，包含廉洁和廉政两个方面，廉洁提倡廉洁自律、光明正大，要求洁身自好、清白做人；廉政提倡公正无私、不徇私情、不谋私利，要求清廉自守、秉公办事。廉政是为政者关于廉洁从政的思想、信仰、知识、行为规范和与之相适应的生活方式和社会评价，从根本上反映着一个阶级、一个政党的执政理念、执政目的和执政方式，是廉洁从政行为在文化和观念上的客观反映。

勤廉文化历史渊源及其演变

勤、廉观念，滥觞于原始社会晚期。有巢氏构木为巢，燧人氏钻木取火，伏羲氏创立八卦，女娲氏炼石补天，神农氏尝百草，大禹治水三过家门而不入，由此可见，在文明曙光乍现的原始社会晚期，就出现了勤俭观念，正是勤俭美德缔造了华夏文明，成了中华民族的生存之道、强盛之基。相传在炎黄时代，就出现了"贪于饮食，冒于货贿，侵欲崇侈，不可盈厌，聚敛积实，不知纪极，不分孤寡，不恤穷匮，天下之民，以比三凶，谓之饕餮"腐败现象，与此同时，反腐败的廉政观念也随之产生。《尚书·虞书·尧典》中记载了尧帝"允恭克让""克明俊德，以亲九族"等思想，赞美尧帝勤政、节用、爱民、尚贤等多层含义。《尚书·虞书·皋陶谟》提出了"简而廉"的思想。可见在原始社会末期就产生了廉洁观念。

商、周之际的古周原地区是勤廉文化的发祥地之一，周代是勤廉文化形成的重要阶段。从古公亶父迁岐到季历开疆拓土，从文王演绎八卦到武王伐纣灭商，从周公制礼作乐到召公甘棠遗爱。周人圣贤们带领族人以聪明才智和勤劳勇敢，在治国理政的实践中，形成了独特的勤廉思想理念，成就了中华民族独特的精神气质和心态结构，产生了中华民族特有的勤廉文化萌芽。《尚书·虞书·大禹谟》讲："克勤于邦，克俭于家。"明确提出了勤俭建国、勤俭持家的理念。《周易·乾卦》云："天行健，君子以自强不息。"这是对勤文化思想理念最精辟的概括。西周建立后，"廉"已成为一种道德观念和治国思想。《周礼》对官吏的廉德有一个很全面的说明，以此考察群吏的政绩，裁断高下优劣。即所谓"六廉"："一曰廉善，二曰廉能，三曰廉敬，四曰廉政，五曰廉法，六曰廉辨。"就是说一个官员必须具备善良、能干、敬业、公正、守法、明辨是非等品格才算廉。到了春秋战国时期，各诸侯国将"不慈孝于父母、不长悌于乡里、骄躁淫暴、不用上令者"纳入巡查之列，要求官员清正廉洁。

随着时代的发展，勤廉文化不断发展，内涵日益丰富。孔子从政，十分注重清正廉洁和道德修养，他讲，"政者，正也。子帅以正，孰敢不正"。强调了执政者自身修养、自律精神对正确用权的作用，品德良好的官员能将权力运用于为人民谋幸福。古往今来，儒家圣贤是勤廉文化的践行者，子罕"以廉为宝"；诸葛亮"鞠躬尽瘁、死而后已""至死之日，内无余帛，外无赢财"；于谦"清风两袖朝天去，免得闾阎话短长"，他们苟利国家、不求富贵，勤政爱民、廉政为民，名留青史。历史上，还有许多历经数百年而兴盛不衰的名门望族，其治家秘诀就在于坚持了以孝治家、以义济世、以忠报国、廉洁从政、勤俭持家的勤廉文化传统，将勤俭和清廉作为家风家训的主要内容，乃至制定了惩治贪赃枉法之徒的家法，如金华郑氏家族立下了"子孙出仕，有以赃墨闻者，生则削谱除族籍，死则牌位不许入祠堂"的家规。在以勤勉节俭、清正廉明思想为内核的勤廉文化的发展过程中，我国历朝历代也都设立了各种监察机构、监察制度、考核机构和考核制度，惩治贪污受贿行为和懒政行为。同时，也涌现出了许多勤政爱民、清廉自守、严于执法、政绩卓著的清官廉吏，如包拯、海瑞、于成龙等人；产生了许多勤政、勤诗、勤文和廉政、廉诗、廉文、廉谚、廉戏和格言等。这些构成了内容丰富的中国传统勤廉文化体系。

勤廉作为为政者必备的品德，有勤政、有为、担当、清正、俭朴、明察等多重含义，可见勤政爱民、廉政为民是古代社会追求的为官之德。中国共产党自建立之日，就非常重视勤廉文化建设。1926年8月，党中央向全党发出《关于坚决清洗贪污腐化分子的通告》。1927年，党的五大选举产生了党史上第一个中央监察机构——中央监察委员会。新中国成立后，《中国人民政治协商会议共同纲领》规定"国家机关必须厉行廉洁的、朴素的、为人民服务的工作作风"。改革开放后，党的十一届三中全会选举产生了新的中央纪委。党的十八大后，党中央从抓落实八项规定入手，努力建设廉洁政治、清廉中国。在充分吸收借鉴古今中外一切优秀勤廉文化成果、深刻总结我们党长期以来反腐倡廉经验的基础上，创立和发展了一系列勤廉文化理论，赋予了勤廉文化崭新的思想内涵，形成了社会主义勤廉文化。

勤廉文化是推动历史发展的动力之一。无论是历史上的"秦统一六国""文景之治""贞观之治""康乾盛世"，还是各行各业的人要获得成功，必须具备勤廉品德，勤是立业之基、廉是为政之本。勤廉文化在社会主义经济繁荣、人民安居乐业等方面发挥了重要作用。无论是中华民族的伟大复兴，还是中国特色社会主义的伟大实践，都需要勤廉文化，建设新时代勤廉文化，是当今时代的重大课题之一。

勤廉文化辩证关系

勤与廉是中华民族的传统美德，是一个人优秀品质的体现。勤与廉的重要性始终体现在我们生活和工作的方方面面。

从廉的角度看勤。首先，廉洁是一种品德和素质，它指的是人在工作中自始至终所遵守的道德规范。他不为私利谋取利益或接受他人财物，不从事违法犯罪活动，并对自己的行为尤为严格和警觉。与勤相联系，我们可以理解为一个勤奋的人必须要具备廉洁的品质，因为如果缺乏廉洁，于个人和社会来说，都会产生极为不利的影响。举个例子，一名勤奋的工作者，他一天上班8小时，并付出大量的精力，但他在工作时接受贿赂，将单位的利益出卖给了他人，对自己和单位的发展都非常不利；而一个具备良好廉洁品质的人，他不仅会严格遵守职业道德，而且在工作中会秉持公正、透明、诚实的原则，最终实现自己的目标，成为单位和社会的贡献者。因此，勤奋是一个人的表面品质，廉洁是一个人的内在修养，这也说明勤与廉之间的密切关系。

从勤的角度看廉。勤奋是指一个人具有勤劳、尽职等品质，他不懈努力，克服困难，把握机遇，拥有奋发向前的决心和毅力。与廉洁相联系，我们可以理解为勤奋的人应该具备廉洁的品质，因为勤奋是基于个人的价值观、道德价值和处世的态度。例如，一个人缺乏廉洁品质，努力工作并获得了很多成果后，却选择了不正当的手段，追求更多的利益，忽视了自己的廉洁形象，导致自己的职业生涯和形象受到不良影响。然而，一个具备优良廉洁品质的人会在勤奋中展现出更加高尚的品质。他通过勤奋的工作提高了职业素养和优良品质，也积累了足够的能力和经验，最终获得了成功。

从勤与廉的互补性看，勤和廉两者互为补充，有机结合在一起，可以提高工作和生活品质，使个人更加健康快乐和成功，对从政人员来讲，勤政也属于廉政。因此，勤和廉是相辅相成，相互促进的。例如，一个勤而又廉的人在工作中能够承担更多的任务和责任，不断学习和提升自己的技术和能力，为单位和社会创造更大的经济效益和社会价值。同时，他在生活中也依照正义和道德的标准去过日子，赢得别人的认可和尊重，获得了更多的幸福和满足。

总之，勤与廉之间是紧密关联的，勤是对时间、精力以及机会的更好运用，而廉则是在行为规范等方面的坚守。两个品质的结合可以带来最好的结果，在任何情况下都应该将两者结合起来。一方面，勤奋工作，把事业当天职，视懒惰为耻辱。积极做到手勤、腿勤、嘴勤、脑勤。以勤补拙、以勤养德、以勤修身、以勤求绩、以勤立信、以勤做人。同时，要做到廉洁自律，不说不该说的话，不表不该表的态，不吃不该吃的饭，不收不该收的礼，不做不该做的事。不逾矩、不推过、不扯皮、不要横、不张狂、不说情，摆正位置，找准角色。为人宽容厚道好相处，做事公正廉明能周全。

勤廉文化的时代价值

勤廉文化是植根于我们民族优秀的传统文化，内容丰富、源远流长，拥有强盛的生命力。勤廉文化也是中国特色社会主义文化的重要构成部分，它可以有力地促进社会主义先进文化的发展。

加强勤廉文化建设，是对中华优秀传统文化的传承与弘扬。社会主义经济繁荣、人民安居乐业、中华民族的伟大复兴，都离不开勤廉文化的影响。充分发挥勤廉文化勤劳创造、廉洁奉公的民族精神和文化建设激浊扬清、扶正祛邪的功能，有助于抵制官僚主义、享乐主义、极端个人主义等各样腐朽落伍的思想意识，提高广大人民群众特别是党员干部务实干事的良好风气和自重、自省、自警、自励，提升拒腐防变的能力，有效抵制来自方方面面悲观腐败文化的侵害，满足人民群众日益增长的精神文化需求。加强勤廉文化建设是我们党代表最广大人民利益的具体表现。用健康向上的、先进的勤廉文化占领思想阵地，帮助广大党员干部树立正确的世界观、人生观、价值观和权力观、地位观、利益观，筑牢思想道德防线，提高勤政为民、拒腐防变的能力，永葆共产党人的先进性。

愿我们每个人都能展现勤廉作风，以实际行动维护好个人家庭形象、社会行业形象和国家集体形象，让勤廉文化发扬光大。

西周禁酒令——《酒诰》

周成王即位后，发生了三监之乱，其叔父康叔参与了平定叛乱，因功改封于殷商故都朝歌（今河南省淇县），建立卫国。

康叔赴任时，他的兄长周公旦担心年轻的弟弟康叔受殷人酗酒之风的影响，沉湎于安乐从而导致亡国的危险，于是便写作了《酒诰》一文，他告诫弟弟康叔："民众犯上作乱，丧失应遵守的德行。究其原因，无非是因饮酒而乱行……所以古圣先王远离酒，而贤良之士戒除酒。世上好喝酒的，乐于酒而不知足，心常犯乱，以至于行为举止颠倒，礼法观念丧失，致使败坏德行，是无法说完的。由于这个缘故，我谆谆教导你们绝不可沉溺于酒，因此而损伤身体、导致行为错乱没有比这个更厉害的了！"

在这篇诰辞里，周公旦总结了殷人饮酒无度的教训。他指出，以殷纣王为首的商朝统治者，嗜酒如命，沉湎于酒色，放弃自己的德行，致使民怨沸腾，这正是商朝灭亡的重要原因。为此，周公旦还从政治的高度着眼，制定了一系列有关限制饮酒的法规。一是不准经常饮酒。只有在举行祭祀或父母喜庆的日子，或与老年人、君主相聚时才可饮酒。二是不得醉酒。饮酒要有节制，不能失去威仪。三是周人如果聚众饮酒，予以严惩；殷人仍饮酒无度者，先进行教育；置若罔闻者，格杀勿论。四是人人都要爱惜粮食，努力生产，尽孝敬父母之职责，不得放纵自己的行为。

周公禁酒是担心百姓和官员因饮酒而败坏德行。实际上，禁酒无论于国于民，都有十分重要的意义。饮酒容易导致以下几个方面的害处：第一，酒可损身。酒虽可以用来治病和养身，但是人性有个弱点，容易贪杯，这样对人的身体就有极大伤害。第二，酒可误事。因为只有不饮酒，才能保持头脑清醒，思考问题才会周密，处理政事才不会有所遗漏。如果沉溺于酒，就容易导致政事荒废。第三，酒可惹祸。现实生活中，因喝酒而酿成的悲剧时有发生。轻则丢了官职、事业，重则车毁人亡。因而，我们应从古人的告诫声中有所醒悟。

周代考核官员的"六廉"思想

国家出现后，社会就拥有了握有公权力的官员。他们既可以用手中的权力维护社会秩序，组织和发展社会生产，也可以用手中的权力为个人谋取私利，历经夏商两代千余年的发展，到西周时期，贪贿现象已普遍存在。周王朝建立后，为预防官员腐败，周公专门颁布了《周礼》这部典章制度，它从六个方面对官员做了管控和要求，即"一曰廉善，二曰廉能，三曰廉敬，四曰廉正，五曰廉法，六曰廉辨"。

廉善是要求官员要加强自己的道德修养。而道德修养最关键、最核心的，是"善"。所谓"善"，是天道之大美、人道之终极。拥有了廉善的官员，才能善于行事，能把事情做好。

廉能是要求官员要将才华奉献于社会、奉献于大众，兢兢业业、无私无惰。为官从政的最基本素质是要有才能。若官员才疏学浅，缺乏行政才能，其行政结果必然是"不祥莫大焉"。

廉敬是要求官员遵守职业道德，爱岗敬业，恪尽职守，谨慎勤劳。它是一种深厚的人文精神体现。

廉正是要求官员品行方正，清洁正直，秉公办事。如果一个拥有权力的人能在行政过程中给所服务的对象一个基本公正，就可以算得上一个及格官员；如果能以公正为执政之要，不断提高自己的素养、人格、品德和分辨能力，那就可以算得上是一个优秀官员了。

廉法是要求官员刚正不阿，守法不失，执法不移。每一位官员都要尊重法则，不断调整自己的行为，适应人类相处的和谐法则，不违背自然规律、不破坏群体规范的法则。

廉辨是要求官员头脑清醒，明辨是非，临事分明。官员要辨善恶，辨是非，辨真伪，辨曲直，辨人、辨事、辨言……廉辨不仅需要敏锐的眼光、冷静的头脑和对事物的把握能力，更需要个人综合素质的提高和公正、廉洁的思想境界。

六廉营造了西周初期风清气正的官场氛围，也为我国古代官员为政之道确立了基本的价值标准与行为准则。"六廉"中突出了一个"廉"字，它是中国古代在对官员管理考察中以廉为本，以德为先的特点的体现，也为中国古代廉政文化建设奠定了基本的内容框架。

借鉴《周礼》的"六廉"思想，有助于我国加强现代法治建设、推进反腐倡廉，进行官德教育和提高领导干部的执政能力与执政水平。作为现代领导干部，应有如下思维：首先是政以载道，要认清自己的人生主题是为人民服务，摒弃"看客心态"，把握廉政原则。其次是正己度人，端正自己的人生方向，在大是大非的原则性问题上坚决不能出问题，不能擅权弄权恋权，更不能以自我为中心，而应观乎天文以察时变，观乎人文以化天下。再次是一日三省，坚持自己的人格，拒绝"五音五色"的诱惑，深知"廉政"是智慧与力量之源，践行《周礼》"六廉"是直面繁复局面、洞察时世先机的无畏和上达。

中国古代廉政的警示——大盂鼎

鼎是用于烹煮、盛放肉食的食器（相当于现在的锅），是青铜礼器最重要的组成部分。鼎主要流行于商至汉代，造型以圆腹、两耳、三足为主，也有四足方鼎。据先秦典籍《左传》所载，夏、商、周之间的王朝更替是以夺取前代之鼎为象征的，于是鼎就成了传国重器，用以指代王朝或国家政权。

清道光年间（1821—1850年）在陕西岐山县出土了两件铸有铭文的青铜鼎：一件叫大盂鼎，另一件叫小盂鼎（已佚）。大盂鼎铸成于西周康王时期，鼎高有100.8厘米，口径78.3厘米，重达153.3公斤，内壁刻有铭文291字。这两件鼎是历史学家研究周代分封制和周王与臣属关系的重要史料。大盂鼎是西周早期青铜礼器中的珍宝，因铸造者为康王时期名为盂的大臣而得名。

大盂鼎器壁较厚，立耳微外撇，折沿，敛口，腹部横向宽大，壁斜外张，近足外底处曲率较小，成垂腹状，下承三蹄足。器以云雷纹为地，颈部饰带状饕餮纹。足上端饰浮雕式饕餮纹，下衬两周凸弦纹（也叫"棱线"），是西周早期大型、中型鼎的典型式样，雄伟凝重。

大盂鼎内壁铭文记述了周康王二十三年九月对贵族盂进行训诫和忠告，向盂讲述文王、武王的治国兴盛的经验，主要由于其臣属从不贪恋酒事，每逢祭祀都是认真而恭顺总结商朝酗酒亡国的教训，并告诫盂要效仿祖父南宫适（括），做到"朝夕入谏，享奔走，畏天威"，就是要其勤上书谏，奔走于王事，敬畏于王威，要以殷商为戒，勤正廉洁。

今天廉政建设依然是一项十分艰巨的任务，在当下社会主义事业的建设中要发扬爱岗敬业、廉洁奉公的精神，做一名称职的国家干部和公民，完成好党在新时期的历史使命。

（宝鸡市文物交流中心）

岐山周公庙勤廉教育基地

岐山是周室肇基、周文化发祥之地，博大精深的周文化是中华传统文化的重要源头之一。周文化是周人在生产生活和治国理政的实践过程中的智慧结晶，体现了他们的道德观念和价值追求，蕴含着内涵丰富的勤廉文化资源。以周公旦为代表的周初先贤们所提倡的德、勤、廉、仁、和等勤廉思想，在历史长河中熠熠生辉，泽被千秋。

为了大力传承中华优秀传统文化，弘扬周文化中的勤廉思想，以史为鉴，资政育人，加强勤政廉政教育，宝鸡市纪委和岐山县纪委于2015年在周公庙建立了地方特色显著的"勤廉教育基地"。从2019年8月开始，岐山县委、县政府对周公庙勤廉教育基地进行了提升改造。目前，基地主要包含西周勤廉文化展馆和周公、召公、姜太公史迹展馆四个部分，展区面积450平方米。

西周勤廉文化展馆以"周风清韵、德治天下"为主题，从"德治天下，崇廉尚勤""历久弥新，清韵绵长""以史为鉴，学悟践行""'习语'和风，铭心笃行"四个单元，对周文化的核心特质及深远影响、周文化中的勤廉思想及其传承发展和对当代启示进行了阐述。旨在教育引导广大党员干部弘扬中华优秀传统文化，并从中汲取奋进的力量，坚定文化自信，铸牢理想信念，涵养清风正气，为实现中华民族伟大复兴的中国梦而奋斗！

周公、召公、姜太公史迹展馆以"大哉元圣""甘棠清风""天下大老"为主题分别呈现了周公、召公和姜太公励精图治、敬德保民的勤廉思想，教育引导广大党员干部弘扬中华优秀文化，并从中汲取奋进力量，坚定文化自信，铸牢理想信念，涵养清风正气，努力做忠诚干净担当的人民公仆。

召亭"甘棠遗爱"勤廉教育基地

岐山县凤鸣镇召亭村古称召，是西周初期伟大的政治家、思想家召公奭的采邑。召公奭为周文王的庶子、周武王的弟弟，先后辅佐文、武、成、康四代君主。他崇德立德的思想，以民为本的理念，勤政俭朴的作风，世代传承，被后世誉为"旷代辅弼""司法鼻祖"和"廉政始祖"。

为进一步传承和弘扬召公勤廉文化思想内涵，打造具有地方特色的党风廉政宣传教育阵地。2017年3月，宝鸡市纪委和岐山县纪委深入挖掘召公勤廉思想，以"甘棠遗爱、勤廉齐家"为主题在岐山县凤鸣镇召亭村打造"甘棠遗爱"勤廉教育基地。2019年8月开始，岐山县委、县政府对召亭"甘棠遗爱"勤廉教育基地进行改造提升，恢复了召公祠，建设有召公史绩馆等。2024年3月，岐山县委党校搬迁到该基地。基地于2018年11月被陕西省纪委命名为"陕西省廉政文化进农村示范点"，2020年11月被宝鸡市纪委、监委命名为"宝鸡市廉政教育基地"，同年11月被宝鸡市委组织部命名为"宝鸡市干部教育培训现场教学点"，2024年3月被宝鸡市委统战部命名为"宝鸡市统一战线教育基地"。

教育基地以传承周礼优秀文化、弘扬社会主义核心价值观为主线，以"甘棠遗爱、勤廉齐家"为主题，建设有"公生明"木牌楼、"清风厚德"石牌楼、召公像、召公祠、东西厢房、召公史绩展馆、甘棠碑、碑廊、召公决讼雕像等。其中，召公史绩馆展区面积360平方米，分为"甘棠遗爱""甘棠清风""甘棠成荫""甘棠咏颂""甘棠新曲"五个部分，全方位展示了召公崇德立德的理念、亲民爱民的作风、勤政俭朴的修养、廉洁奉公的操守、忠诚为国的情怀。

教育基地石道回环，曲径通幽，建筑古朴，人文厚重。漫步在这神圣的地方，可以在召公像前追忆先贤风云岁月，在甘棠树下聆听"甘棠遗爱"的故事，展馆之中探寻先辈丰功伟绩的足迹。甘棠遗爱，千古流芳，滋养中华万世；见贤思齐，培根铸魂，令人长思召公。召公思想，润物无声，慧人心智；召公精神，启迪灵魂，催人奋进。在中国特色社会主义进入新时代的今天，广大党员干部要大力传承弘扬召公"甘棠遗爱"精神，以其"崇德立德""亲民爱民""勤政俭朴""廉洁奉公""忠诚爱国"的思想涵养身心，树盛世新风，扬社会正气，认真践行习近平总书记提出的"信念坚定、为民服务、勤政务实、敢于担当、清正廉洁"的新时代好干部标准，不忘初心，牢记使命，真抓实干，争当为民、务实、清廉的人民公仆。

作为中华民族优秀传统文化的重要组成部分，召公勤廉思想如一盏永不熄灭的明灯，历经沧桑却依然熠熠生辉，对于激励新时代党员干部担当作为、干事创业有着诸多启示，必将发挥勤廉文化的教育、示范、熏陶、导向作用。

第二章 尚勤典故

　　岐山是周文化的发祥地，勤文化是周文化的重要组成部分。周人的崛起史就是一部勤劳勇敢、自强不息的奋斗史。自周太王古公亶父率族人迁于岐下周原以来，周人以勤立国、以勤治国、以勤赢天下。周初的明君贤臣，都能勤于政务、以勤治国，他们共同开创了我国历史上第一个治世——成康之治，为后世留下了宝贵的治国经验，为西岐大地留下了弥足珍贵的精神财富。

　　本章通过12个周文化典故，从不同角度反映了先周及周代圣贤将勤运用于不同领域的实践之中，简述了他们以勤修身、以勤治学、以勤兴业、以勤立国、以勤兴邦等史

实。这为我们修身、养德、励志、立业等提供了值得借鉴
和学习的光辉典范。

公刘豳地劳作勤以立业

公刘，生卒年不详，姬姓，名刘，公为尊称，为后稷第四世孙。公刘是一个勤奋有为的人。

公刘勤于农耕。在豳地（今咸阳市彬州、长武、旬邑一带）时，他继承发扬先祖爱好耕作务农的传统，带领部族扩大耕地，整治农田，生产蒸蒸日上，贮积的粮食堆满仓囤。豳地很快就发展成为一个繁庶兴旺之邦。同时，他到处察看土地性能，从漆水、沮水渡过渭水，伐取木材以供生产、生活的应用。在他的治理下，外出的人有资财，定居的人有积蓄，民众仰仗他过上了好日子。各族人感念他的恩德，纷纷迁到豳地，拥护和归顺他。

公刘勤于狩猎。相传有一天，他和部落的人们到山中去捕猎野兽。他们将一只野猪围堵进了一个土洞里，由于洞口小，抓不到也够不着野猪。于是公刘便给野猪扔了些吃的，但野猪怎么也引诱不出来。于是公刘就与大家一起将洞口用石块围挡起来，并派专人看管。

后来，看管的人锲而不舍地给野猪扔各种野草，经过几天的努力终于把野猪引出了洞口，人们轻易地抓住了野猪，并且带回了部落。公刘发现这只野猪没有了之前的野性，似乎已经被驯服，就命人不要把野猪宰了吃，先圈养起来，从而开启了家养猪的历史。

公刘勤于实践。相传有一天，他在熟睡中做了一个梦，梦见自己在忙碌奔波中饿得倒在黑河边，一个神仙姐姐救了他，给他做了美味的饭菜。公刘吃完后，大赞好吃！好吃！说完就从梦中醒来了。公刘醒来后，就开始和妻子按梦里神仙姐姐的方法制作美味的饭食。他们取来清澈纯净、清香幽长的泾河水，配以最好的粮食，经过多次尝试终于制作出了和梦里一样美味的饭食。这种食物看着晶莹剔透，于是命名为玉面，并分发给百姓，让大家共享美食。后来民众为感恩公刘，将玉面也称为"御面"。

公刘勤于创造。"穴居式"是中国西北黄土高原上居民的古老居住形式，这一"穴居式"民居的历史可以追溯到豳国。公刘创造性利用豳地有利的高原沟壑地形，凿洞而居。因为有了窑洞，民众就不再苦于被野兽袭击，安全有了保障，开始真正地过上了定居生活，农业也因此而得到大力发展，窑洞便是农耕人的家园。这种有着独特的居住价值和文化内涵的窑洞，延续至今，被称为一种绿色建筑。

公刘用勤劳创造的物质财富为后来周人的发展奠定了基业。

古公亶父迁岐勤以安家

古公亶父是农耕文明的始祖后稷的12世孙、周文王的祖父、周王朝的奠基人，后被追封为周太王。在距今3000多年前的周人发展史上，他是一个上承后稷公刘之伟业，下启季历，以及文王武王之盛世的关键人物。他积累德行，勤劳创业，国人都非常爱戴他。

在豳地生活的时候，他继承了始祖后稷和先祖公刘勤劳的美德，带领部族的人民勤务农耕，百姓丰衣足食。后来，生活在他们周边的西戎和北狄部落不断向周部族索取财物，周部族经常无代价地给戎狄部落财物和粮食。而戎狄部落总是不知足，无休止地继续索要。后来狄人的欲望越来越大，财物和粮食已满足不了他们的欲望，最后，他们甚至苛刻地向古公亶父索要土地和人民，直接威胁周部族在豳地的生存。

周部族的人们多次拿起武器要奋起反击，古公亶父不忍因战争牺牲族人。为了避免争斗、流血，古公亶父舍弃了家园，率领部族顺着漆水河岸向南迁徙。经过艰难跋涉，最终来到了岐山箭括岭脚下的周原定居。豳地和附近的自由民，听说古公亶父勤劳而仁德也赶来归附。随着人口增多，衣服食物无法满足人们的需求，古公亶父便采用商朝的助耕制，亲自带领人们在岐山脚下建立城邑宫室。他以邑为单位安排人们居住，同时设置官吏，革除戎狄旧俗，奠定了周人国家的雏形。迁居周原后，古公亶父充分利用良好的自然环境，组织周人发展生产，开辟道路，使周人很快出现了年岁丰收、人丁畜牧兴旺的繁荣局面。后来，居住在周原四周的弱小部落纷纷前来归附，人口增加了很多。西北部前来侵扰的戎狄部落见周人日益强盛再也不敢有非分之想，只好远走异地。

从此，古公亶父率领部族依靠勤劳的双手在周原创业，在他的精心治理下，周部落逐渐富强了起来，周人的生活也更加安宁祥和。

太伯仲雍奔吴勤以立国

太伯，姬姓，是周族首领周太王（古公亶父）的长子，吴国第一代君主，东吴文化的鼻祖。仲雍，又称虞仲、吴仲、孰哉，古公亶父的二子。

季历是古公亶父的三子，他的儿子昌，自小聪明过人，才华出众，深得古公亶父的宠爱。古公亶父晚年时，就想把西伯侯的位子传给孙子昌，他常常对人们说："我们周部族以后要兴旺起来，恐怕就在昌身上了，这是天神的意思。"

为了顺应父王的意思，太伯就把周朝王位让给他的三弟季历，后偕二弟一路向南奔赴荆蛮之地。太伯、仲雍最终来到了今无锡梅里（现名梅村乡）营建早期城市，作为都城。

太伯、仲雍到梅村定居后，主动与土著居民结好，并和当地人一样剪短了头发，全身用植物染料涂画了花纹。他们把周原地区的先进农业生产经验和科学文化传授给了荆蛮部落。在较短时间里，太伯、仲雍教会了当地居民栽桑养蚕、饲养畜禽，江南处处呈现出六畜兴旺的喜人景

27

象。同时，他们在农业生产上实施稻、麦轮作，改"一年一熟"为"一年两熟"，提高了粮食产量。此间，太伯、仲雍还带领当地居民大力兴修水利，进一步发展农业生产。相传太伯亲自带领老百姓人工开凿了中国古代历史上第一条长达43公里的伯渎河，伯渎河的开凿，使当地百姓世受其利。

在饮食起居上，太伯、仲雍引导当地人改"半生为食"为"全熟为食"，改"以棚为窝"为建村立巷，不仅增强了居民的体质，而且改善了居住条件。太伯、仲雍和当地人一起采用"以石为纸、以炭为笔、以歌为教"的方法，教育幼小的孩童写字、读书、唱歌，他们把周族的诗歌和当地原有的蛮歌、土谣相融合，独创了"吴歌"，此后又吸收越、楚、齐等地文化精髓，培育形成了具有水乡特色、兼容并蓄、独放异彩的"句吴文化"，从而构成了中华文化中极为重要的一脉——吴文化。

太伯仲雍奔吴后，他们在新的生存环境中带领当地百姓不畏艰辛、勇于开拓、勤劳务实，最终在辽阔的东吴大地上建立了新的国家，国号"句吴"。

季历承前启后勤以拓疆

季历，姬姓，名历。季是排行，所以称季历，尊称公季、王季、周王季。周太王的小儿子，周文王的父亲。

古公亶父去世后，季历即位。他秉承古公遗志，治理国家，发展农业，推行仁义，使周部落逐渐强盛，诸侯很多都归顺了他，商王也承认季历做西方诸侯，号称西伯。在商王武乙时，季历和商朝建立了友好关系，又与商朝贵族任氏通婚，娶太任为妻室。那时候，季历治理下的周族积极吸收商文化，加强政治联系。同时季历还对西北的戎狄部落进行征伐，兼并他们的土地，周族逐步成为商朝后期在西部的一个强大部族。

商王文丁四年，在商王朝的支持下，季历抓住机会，率兵极力向东发展，歼灭了东邻的程国（在今咸阳市东），打败了义渠等北方的戎人，征服了周围许多较小的戎狄部落。为麻痹殷商，季历还将战利品贡献给了商王。商王因而任命季历为牧师，职司畜牧，成为商王朝西部诸侯之长。接着，季历率兵又先后征伐始乎之戎、翳徒之戎（以上两戎均在今山西南部）。伐翳徒之戎时，俘获三大夫，大胜向商献捷。商王文丁封季历为伯侯。季历率众击退周围的游牧部落，缴获了大量的财物，擒获了许多俘虏，巩固和发展了周部族在渭水中游的统治，许多诸侯前往归顺，使周成为商西部的一个强大的方国，并与挚仲氏联姻，势力发展到黄河东部一带。

文丁惧怕季历对殷商构成威胁，于是囚杀季历。可以说，季历的一生，是戎马倥偬、南征北战、勤于拓疆的一生。季历虽死，但周族在他戎马一生的征伐战争中进一步发展壮大，也为其子昌治岐灭商奠定了基础。

文王不辱使命勤以政事

周文王，姬姓，名昌，岐周（今陕西省岐山县）人。周朝奠基者，周太王之孙，季历之子，周武王之父。又称周侯、西伯、姬伯，周原甲骨文作周方伯。东汉以后，称文王为姬昌。

周文王是一位很有作为的创业主，勤于政事，重视发展农业生产，礼贤下士，广罗人才，拜姜尚为军师，问以军国大计，使"天下三分，其二归周"。他继承后稷、公刘开创的事业，仿效祖父古公亶父和父亲季历制定的法度，实行仁政，克勤克俭，敬老爱幼，礼贤下士，治理岐山下的周族根据地。在治岐期间，对内奉行德治，提倡"怀保小民"。

在发展农业生产方面，采用"九一而助"的政策，即划分田地，让农民助耕公田，纳九分之一的税；在商业方面，他提出商人往来不收关税；在法律方面，他提出有人犯罪，妻子不受连坐等；在政治上，他实行裕民政策，征收租税有节制，让农民有所积蓄，以刺激劳动兴趣；在对待人才上，对外招贤纳士，许多外部落的人才以及从商纣王朝来投奔的贤士，他都以礼相待，予以任用。如伯夷、叔齐、太颠、闳夭、散宜生、鬻熊、辛甲等人，都先后归附于文王；在生活中，文王自己非常勤俭，穿普通人衣服，坚持到田间劳动，兢兢业业治理自己的国家。周国在文王的治理下，国力日渐强大。

周文王善于谋划，勤于扩充势力范围。在虞、芮归附的第二年，文王向西北、西南用兵，为灭商建立了巩固的后方。接着向东发展，过黄河进攻耆、邘等国。沿渭水东进，攻占了商朝在渭水中游的重要据点崇，扫除了周在东进道路上的一个个障碍，并且据有关中的膏腴之地。在伐崇的第二年，文王在沣水西岸营建丰邑，把政治中心迁于丰（今西安市西南）。至此，文王已完成了对商都的钳形包围，周人对商朝已经形成咄咄逼人的攻势。

正是因为文王的克勤克俭，才赢得了百姓的信任与支持，才赢得了四方诸侯的认可，最终赢得了江山。

武王伐纣灭商勤以创业

周文王去世后，他的儿子发即位，后世称为周武王。周武王拜姜尚为师，并且要他的兄弟周公旦、召公奭做助手，继续整顿内政，扩充兵力，准备讨伐商纣。

周武王即位九年后，为便于进攻商都朝歌（今河南省淇县），将都城由丰（今西安市西南沣水西岸）迁至镐（今西安市西南沣水东岸）。两年后，他由镐京率大军抵达黄河南岸的孟津（今河南省孟津县东北），聚集八百诸侯举行了一次声势浩大的为灭商做准备的军事检阅和演习。

过了两年，武王听说纣昏乱暴虐得更加厉害，杀死王子比干，囚禁箕子。太师疵、少师强抱着乐器逃奔周国。于是他遍告诸侯说："殷王罪孽深重，不可不大举讨伐。"随后，他率领300乘兵车，3000名勇士，45000名身穿甲胄的武士，向东伐纣。

公元前1046年二月甲子日黎明时分，武王赶到商都郊外的牧野，举行誓师典礼。武王左手握着黄色大斧，右手拿着白色旄旗，对讨伐的部队说："古人曾经说过，'母鸡不能司晨报晓。母鸡如果司晨报晓，这一家就要倾家荡产了。'如今殷王纣只听信妇人的话，废弃祖先的祭祀不闻不问，毁坏国家大政，抛开祖父母传下的亲族不予任用，却对四方罪恶多端而逃亡来的人加以推重和信任，尊敬他们，重用他们，让他们暴虐百姓，在商国胡作非为。现在我决心恭行上天的惩罚，大家要努力啊！"宣誓完毕，诸侯军队聚集在一起的有兵车4000乘，在牧野摆开了阵势。

帝纣听说武王来攻，也发兵70万抵抗武王。武王命令太师姜尚率领数百名勇士出阵挑战，继而用大部队冲杀帝纣的军队。武王手持白旄大旗指挥诸侯，奔驰进攻。纣王逃回城里，登上鹿台，穿上珠宝玉衣，投火自焚。

武王来到商都，商国的百姓都在郊外恭迎。

第二天，武王指挥人马整治道路，修复社庙和商纣的宫殿，并且封商纣的儿子禄父，让他仍统辖殷时期留下来的民众。武王发因为殷朝还没有完全安定，就派他的弟弟管叔鲜、蔡叔度辅佐禄父治理殷人。接着命召公释放了被囚禁的箕子，命毕公释放了被囚禁的百姓，表彰商容居住的里巷；命令南宫括散发鹿台的钱财，分发巨桥的积粟，来救济贫弱的百姓；命令南宫括、史佚展示九鼎和宝玉；命令闳夭培土增高比干的坟墓；命令宗祝祭祀阵亡将士，于是罢兵西归。途中巡视各地，记录政事，写下了《武成》。分封诸侯，颁赐宗庙祭器，写下了《分殷之器物》。武王追思先代的圣王，于是褒扬并封神农的后代到焦地，封黄帝的后代在祝地，帝尧的后代在蓟地，帝舜的后代在陈地，大禹的后代在杞地。又分封功臣谋士，太师尚父第一个受封。

随后，武王回到周国，一到夜里就睡不着觉。周公旦来到武王居住的地方，问道："为什么睡不着觉？"武王说："告诉你吧，上天抛弃了殷朝，从我未出生到现在六十年，麋鹿放在荒野，蝗虫漫天遍野。上天不保佑殷人，所以我们才有今天的成功。当初殷朝承受天命而创建之时，任用名贤三百六十人，政绩虽不显著，但也不至于灭亡。我们还没能确定上天是否保佑，哪有工夫睡觉？"武王发又说："我一定要达成上天的眷顾和希望，使天下人都归依王室，将不顺天命的恶人全找出来，惩罚他们，就像惩罚殷纣王一样。日夜操劳，安定我们西土。发扬我周朝的功业和德行，使它们光芒四射。从洛水一直延续到伊水之间，居地平易没有险固，那里曾是夏朝定居的地方。我向南望到三涂，向北望到太行，回过头看过黄河，审视洛水、伊水地区，觉得只有这一带最适宜定居建都。"于是在洛邑营建周朝的陪都。回到宗周，武王要求军队将战马放养在华山南面，把牛放养在桃林的原野上；放下武器，收整并解散军队，向天下显示不再用武了。

周武王有着广阔的心胸和长远的眼光，同时有着果断处事能力和勤奋创业的精神。看到商朝的无道，他打出了为民请命，替天行道的旗号来获得广大人民群众的拥护，从而大大扩大了自己的实力和影响力，在伐纣的过程中，他以大无畏的精神亲自带领兵马直捣朝歌，打了纣王一个措手不及。灭商后，他又及时安抚殷民、兴废继绝、移民实边，为周王朝发展奠定了稳定的局面。

周公吐哺握发勤以治国

周文王的四子名旦，周武王发的弟弟。因采邑在周，被后人称为周公。周武王建立周朝两年后就因病去世，把王位传给了自己年幼的儿子诵，即周成王。周公旦作为周成王的叔叔，辅佐成王治理天下。

当时，新建立的周王朝面临着严重的困难，商朝旧贵族们准备复辟，而周公旦辅政，又有违于王位世袭制中父死子继的原则，引起周室集团内部的矛盾。结果残余势力即与周室内部的反叛势力勾结起来，他们的代表是纣王的儿子武庚与成王的叔父管叔、蔡叔等人。结果周公旦东征平定三监之乱，灭五十国，奠定东南。在治理国家期间，周公旦唯恐失去天下贤人，洗一次头时，曾多次握着尚未梳理的头发，接待来访的客人；吃一顿饭时，也多次吐出口中食物，迫不及待地去迎接贤士。

周公旦一心勤于王事，甘居配角。他在周成王13岁至20岁期间代理天子摄行政事，在摄政期间，一年救乱（平定三监叛乱），二年克殷（攻克商朝残余势力），三年践奄（讨伐奄国），四年建侯卫（分封诸侯），五年营成周（营建东都洛邑），六年制礼作乐，七年还政成王。周公还政成王后，担心成王年轻，贪图安逸，于是作《无逸》劝谏成王要勤政爱民，用心治理国家。周公一心朝政，忠心不二，排内忧，征外患，巩固了周王朝的统治，使当时西周的政治、经济、文化达到高峰。极大地巩固了周王朝的统治，并给后来的"成康之治"奠定了基础。

周公一生为周王朝的建立、稳定和发展做到了披肝沥胆，立下了汗马功劳。他忠于国家，勤于职守，堪称后世楷模。

召公日理万机勤以理政

召公奭，文王庶子。因采邑之地在岐周的召亭（现岐山县西南召亭村），故人们称他为召公。召公奭一直以来是文王、武王的左膀右臂，他一有时间就去采邑之地巡查，随时随地处理政务。

一天，天气晴朗，召公奭带领几名随从前往采邑查看庄稼地，面对长势喜人的庄稼，召公奭可高兴了。他精神抖擞，看了一片又一片庄稼。时间一长，随从可累坏了，他们劝说召公休息。召公奭看到开阔的田畔生长着一棵甘棠树，几位干农活的人在树下休息，他便与随从一起来到树前。大家看到召公，马上围拢过来，从树上采摘了甘棠果子让召公吃。召公奭说："这株甘棠树太好了，绿荫遮日，果实又香甜美味。大家干农活疲惫了，可以在树下休息，吃果子也可以充饥解渴。你们应该好好地珍惜这株树，莫要砍掉它当柴木烧掉啊。"

从此以后，召公奭来到采邑，总是要坐在甘棠树下，与农人拉家常，了解百姓疾苦，处理民间纠纷，打击恶棍村霸，做到了民无冤情。他所管辖的区域政清治明，经济发达，百姓其乐融融，留下了甘棠遗爱的美名。

召公奭不但辛勤管理着采邑之地，更是勤勤恳恳地治理着国家。

平叛"三监之乱"后，周成王开始继承武王的遗愿，在"有夏之居"的"土中"建立新的都城，用以管理东方广大的领土。成王首先派召公奭到洛邑察看地形，具体规划建都的地址。召公奭在途中走了半个月，三月初五到达洛邑。两天后，召公奭便指使殷民在洛水北岸规划城郭、宫室、郊庙、朝市的位置，不到四天时间就完成了规划。

三月十二日，周公旦来到洛邑，召公奭陪同周公旦全面视察了新邑。随后，召公奭命人杀猪、牛、羊等作为祭品，在新邑立庙祭地。又过了7天，召公奭命令殷民开始大举动工，经过八九个月的兴建，年底成周城便告建成。

周成王到洛邑后，对召公奭说："您的功德光照天地，勤劳施于四方，普遍推行美好的政事，虽遭横逆的事也不迷乱。"

召公奭以一生的勤劳，赢得了后世的美名。

太公磻溪垂钓勤以励志

姜太公，即姜尚，字子牙。他的祖籍原在东方夷人地区。据说，他的祖先在舜时为"四岳"之一，曾帮助大禹治水立过功，被封在吕，所以又称他为吕尚。

太公一出生家里就很穷，为了维持生活，他年轻时曾在商都宰牛卖肉，又到孟津卖酒为生，聊补无米之炊。但是他却不是个会做生意会赚钱的主，所以做什么生意都不行，基本上都是赔本赚吆喝，所以过得贫穷潦倒。但太公人穷志不短，无论杀羊宰牛还是做生意，始终勤奋刻苦地学习天文地理、军事谋略，研究治国安邦之道，期望能有一天为国家施展才华。虽然太公满腹经纶、才华出众，但他在商朝怀才不遇，只得混迹于市井，在失意中耗去宝贵的年华，直到70岁还是得不到施展才华的机会。

太公并没有灰心放弃，当他听到西方的周文王广求贤良的消息后，认为实现自己理想与抱负的时机来到了。于是，他便千里迢迢来到岐山西南渭水的一条名叫兹泉水的支流源头垂钓，等待出山的机会。

据说太公钓鱼时，手气开始并不太好。他在水边钓了三天三夜，也没有一条鱼来吃他下的饵。太公气得甩掉了帽子，扔掉了上衣，但也无济于事。正当他十分狼狈，想不出把鱼钓上来的办法的时候，有一个农夫模样的人意味深长地对他说："你别着急，再钓一次试试看！不过你要把鱼线弄得细一些，鱼饵也要做得香一些。下钩时要尽量轻一些，千万不要使鱼惊动！"

太公依照农夫的说法去做，果然钩钩不空。他从中悟出了个道理：和钓鱼一样，要想灭掉商朝，也必须从长计议，一切都要悄悄做好准备，但不能让商纣王看出破绽。太公在枯燥无味的垂钓中思考着兴周灭商的大计。

功夫不负有心人，太公的举动，引起了周文王的关注，最终太公被文王请到了周城，成了其得力助手。

励志，成就了晚年的太公，他成了助武王克殷的首席军师、西周的开国元勋和齐文化的创始人，亦是中国古代的一位影响深远的杰出的韬略家、军事家与政治家。历代典籍都公认太公的历史地位，儒、道、法、兵、纵横诸家皆追他为本家人物，被尊为"百家宗师"。

成康治国施政勤以养德

成康，即周成王诵和周康王钊。

周成王诵刚刚继位的时候，年纪还很小，他的叔父周公代替他执政，帮助他稳固了周朝的统治。周公还政给成王之后，他奉行以礼治国的原则，重视对百姓的道德教化，克勤克俭，积极缓和社会矛盾。他大封诸侯，进一步加强宗法统治权力，对内推行周公"明德慎罚"的主张，务从节俭；对外不断攻伐淮夷，用武力控制东方少数民族地区，取得了很大胜利。另外，周成王诵还让周公制礼作乐，制定各项规章制度，奠定了西周王朝的基础。成王诵时期，社会安定，人民和睦，歌颂太平盛世之声不绝于耳。

周成王诵病倒后，担心儿子钊不能胜任国事，于是下令召公、毕公用心辅佐。不久，成王诵病逝，钊继位，是为周康王。召公、毕公率领诸侯，陪同康王钊来到祖庙，把文王、武王创业的艰辛告诉康王钊，告诫他要节俭寡欲，勤于政事，守住祖先的基业。康王钊在位时，牢记祖先艰辛创业的不易，对内注重改善人们生活条件，提升百姓生活水平；对外加强与各地少数民族的联系，兼并奴隶和土地，扩张势力范围。康王在位期间，国力强盛，经济繁荣，文化昌盛，社会安定。

成王诵与康王钊统治时期，是周代的兴盛时期，史家称"成康之际，天下安宁，刑错四十余年不用"。后世将这段时期的统治誉称为"成康之治"，父子二人德昭天下。

孔子韦编三绝勤以治学

出生于春秋时期的大教育家孔子，自幼丧父，但他勤奋好学，曾拜许多人为师，学习各种各样的知识。他涉猎十分广泛，加上他不知疲倦地刻苦钻研，成了我国历史上著名的大学问家，儒家学派的创始人。

孔子在年轻的时候就花了很大的精力，把《周易》全部读了一遍，基本上了解了它的内容。不久，他又读了第二遍，掌握了它的基本要点。接着，他又读了第三遍，对其中的精神、实质有了透彻的了解。在这以后，为了深入研究这部书，又为了给弟子讲解，他又不知翻阅了多少遍，写成了解说《周易》的《易传》。这样读来读去，把串连竹简的牛皮绳也给磨断了几次，不得不多次给竹简换上新的牛皮绳。即使读书读到了这样的地步，孔子还谦虚地说："假如让我多活几年，我就可以完全掌握《周易》的内容与精神实质了。"孔子不仅以身作则，给自己的学生树立了好的榜样，而且还利用各种机会告诉学生"好学"的重要性，最终，他成为桃李满天下的大教育家。

今天，我们提倡韦编三绝的读书精神，更提倡学以致用，期待创新人才的大量涌现。在当今优越的学习条件下，青少年要发挥自觉性、主动性，更应当努力、认真、勤奋学习，克服应付观念，克服投机取巧的思想，扎实读书，将来才会成为一个对国家、对社会、对家庭有用的人。

苏秦悬梁刺股勤以读书

战国时期，雒阳（今河南省洛阳市）有一个人叫苏秦。

他年轻的时候，由于学问不多，曾到好多地方做事，都不受重视。回家后，家人对他也很冷淡，瞧不起他，这对他的刺激很大。从此，苏秦下定决心发愤读书。他常常读书到深夜，很疲倦，常打盹，多次想放弃读书进入梦乡。但一想到自己的处境，他就咬牙继续读书。苏秦为了能坚持读书，防止瞌睡的影响，他终于想出了一个好办法。读书前，苏秦准备了一把锥子，在读书的过程中，如果打瞌睡，他就用锥子往自己的大腿上刺一下。这样，猛然间感到疼痛，会使自己清醒起来，再坚持读书。年轻的苏秦，凭借勤奋与毅力，博览群书，成了饱学之士。

以上故事告诉我们，世上无难事，只怕勤奋人。只要我们认定目标，并付出比别人多的时间和精力，学业、事业就一定会取得成就。

第三章 勤勉做事

　　《荀子·富国》云："奸邪不作，盗贼不起，化善者勤勉矣"，勤勉是实现天下大治的治国良方，是处世立身的基石。古训云："一勤天下无难事"，勤外化为具体行动，就是勤勉做事。周代圣贤立德立言，躬身践行，留下了许多勤勉做事的历史典故，为后世传承弘扬勤文化树立了标杆。

　　本章选取了西汉至今29个勤勉做事的名人故事，既有帝王将相，又有贤达名流；既有当代科学巨擘，又有普通劳动人民。反映了从西汉至今，不同领域的代表人物对勤文化的传承、弘扬和践行。

司马迁发愤著史

汉武帝天汉二年（前99年），汉朝悍将李陵出兵匈奴，虽顽强作战、血拼到底，但终因孤军深入、寡不敌众而被俘甚至投降。

汉武帝知道后很是震怒，食不甘味。司马迁本来是抱着宽慰皇帝的心情而仗义执言，替李陵说了几句虽败犹荣、也许是为保存力量假投降的话。结果汉武帝误会他攻击没及时救援的贰师将军而替败军之将李陵辩护，以诬上的罪名将其判了死刑。那时候死罪想活命有两个补救办法：一是拿五十万贯钱赎罪，司马迁一介书生根本拿不出；二是以宫刑也称腐刑、极刑代替问斩，一般人不愿受这生不如死的羞辱，甘愿领死。47岁的司马迁因为有使命在身，毅然而又无奈地选择了后者。宫刑后，司马迁又被任用为皇帝身边的中书令，形同宦官。但他没有气馁，而是忍辱负重，笔耕不辍，历时14年完成了伟大的巨著——《史记》。

"人固有一死，或重于泰山，或轻于鸿毛。"时年55岁的司马迁在写给其友人任安的一封回信中道出了他忍辱负重的原委："面对宫刑这奇耻大辱，我之所以苟且偷生，身陷污浊的监狱中而不肯死，是只恨我心中的志向还没完成，如果就这样窝窝囊囊地死了，我的文章就不能流芳后世了……我费尽心思写《史记》，像古代圣贤一样，也是想探求天道与人事的关系，贯通古往今来变化的脉络，成为一家的言论。刚开始草创还没成书，恰恰遇到这场灾祸，我痛惜这部书还没有完成，因此只要能活着即使受到再残酷的刑罚我也认了。我确实想完成这部书，完成后把它先藏在名山之中，然后再传给志同道合的人，继而让它广传天下。那么，我便抵偿了以前自己受到的奇耻大辱，即使受再多的侮辱，难道我会后悔吗？"

司马迁带着历史的责任感和神圣的使命感，在蒙受巨大耻辱的情况下毅然完成了巨著《史记》的写作，其忍辱负重、发愤著书的精神值得我们学习。

匡衡凿壁偷光

西汉时期，东海郡承县（今山东省枣庄市峄城区）有个贫民的孩子，叫匡衡。他小时候很想读书，可是因为家里穷，没钱上学。后来，他跟一个亲戚学认字，才有了读书识字的能力。

匡衡买不起书，只好借书来读。那个时候，书是非常贵重的，有书的人不肯轻易借给别人。匡衡就在农忙时节，给有钱的人家打短工，不要工钱，只求人家借书给他看。

过了几年，匡衡长大了，成了家里的主要劳动力。他一天到晚在地里干活，只有中午歇晌的时候，才有工夫看一点书，所以一卷书常常要十天半月才能够读完。匡衡很着急，心里想：白天种庄稼，没有时间看书，我可以多利用一些晚上的时间来看书。可是匡衡家里很穷，买不起点灯的油，怎么办呢？

有一天晚上，匡衡躺在床上背白天读过的书。背着背着，他突然看到东边的墙壁上透过来一线亮光。他霍地站起来，走到墙壁边一看，啊！原来从壁缝里透过来的是邻居家的灯光。于是，匡衡想了一个办法：他拿了一把小刀，把墙缝挖大了一些。这样，透过来的光亮也更清晰了。匡衡兴奋地拿起书靠近墙壁，凑着透进来的灯光，默默地读起书来。

匡衡就是这样勤奋刻苦地学习，后来终于成了一个很有学问的人。

李膺勤于作为

汉桓帝时，李膺任司隶校尉，负责督察百官。时值宦官专权，宦官头子张让有个弟弟叫张朔，依仗其兄的权势当上了野王县令。张朔性情荒诞不经，而且贪婪残暴。

有一天，张朔酒足饭饱后，突发邪念，非要瞧瞧未出生的婴儿是个什么模样，便把从街上捉到的一个孕妇活活地剖腹杀害了。李膺义愤填膺，下令抓捕。张朔吓得逃回京城，藏在了他哥哥家客厅的一根"合柱"里（中间掏空而形成的密室）。那时候，张让的府第门庭森严，道道关卡，一般官吏根本无法进入。李膺不管那一套，手持令牌，亲自带人闯进张府，破柱将张朔逮捕。经审讯录供后，立刻将其斩首示众。待到张让想办法搭救，他弟弟的人头早已落地。张让跑到汉桓帝那里号啕大哭，说李膺不但冤枉他的弟弟，还先斩后奏，犯了欺君之罪。

汉桓帝果然动怒，召李膺进见。汉桓帝厉声责问道："李膺，你眼里还有没有朕？为什么不先奏请朝廷便施刑戮？"李膺镇定自若，回答说："过去孔夫子做鲁国司寇，上任七日就诛少正卯。今天臣到任已十天了，才杀张朔。我还以为会因为我除害不速而有过，想不到会因及时处决张朔而获罪。我深知因此而惹祸了，死期快到，特请求皇上让我再活五日，除掉那祸首，然后皇上再用鼎烹煮我，我也心甘情愿。"这一番义正词严的表态，说得汉桓帝哑口无言，只得转头对张让说："这是你弟弟罪有应得，司隶有什么过错呢？"

自此，大小宦官大受震动，说话不敢粗声大气，走路不敢伸直腰板，连休假也不出宫玩耍。桓帝奇怪地问他们是什么缘故，大家都叩头哭泣说："害怕李校尉。"

正直高洁、勤于作为、敢于担当的人品是李膺魅力的源泉。一个时代，有李膺这样的人，社会才会和谐，百姓才会安宁。

诸葛亮鞠躬尽瘁

东汉末年，由于统治者昏庸无能，天下大乱，各地诸侯纷纷割据自立，出现了魏、蜀、吴三国鼎立的局面。

蜀汉的皇帝刘备任命诸葛亮为丞相。诸葛亮辅佐刘备，把蜀国治理得国富民强，百姓安居乐业。不久以后，刘备去世，刘备的儿子刘禅继位。刘禅就是历史上著名的"刘阿斗"，他十分昏庸无能，只知享乐，不知道治理国家，把国内的军政大权全交给了诸葛亮。

诸葛亮一贯主张联吴伐魏，这时他一面和东吴交好，一面南征孟获，平定了南方边境。随后积蓄力量，积极准备北伐。

过了一段时间，诸葛亮感到力量积聚得差不多了，便决定出祁山北伐魏国。在出师前，他给后主刘禅上表，要他听信忠言，任用贤臣，富国强兵。这道奏表便是历史上有名的《前出师表》。可是，这次北伐并没有成功，诸葛亮兵败以后，只得退兵回到蜀地。

过了几年，诸葛亮决定再次北伐。当时，有一些臣子对诸葛亮北伐持反对态度。于是，诸葛亮再次上表给后主，详细分析了当时的敌我形势，说明蜀汉和魏国势不两立，你不去伐他，他就要来伐你。后主刘禅看了，同意诸葛亮北伐。这第二道表，便是历史上有名的《后出师表》。

诸葛亮在《后出师表》中，先从审时度势出发，高屋建瓴地指出讨伐曹魏是巩固蜀汉政权、兴复汉室江山的当务之急。表中由先帝刘备伐魏的决策开始，坐实到刘备托付诸葛亮伐魏这一重大任务之上，说明了这次出师，乃是非伐不可的大事，决不能有所怀疑。然后，诸葛亮从六个方面具体驳斥了蜀中非议的错误。最后论述世事多变，难以预料，必须尽力而为。

在这道表的最后，诸葛亮用"鞠躬尽瘁，死而后已"结尾，表达了忠心为国的意愿，八个大字铮铮有声，充分体现了诸葛亮对蜀汉政权的忠肝义胆，也显示了诸葛亮璀璨光辉的人格。

遗憾的是，由于蜀魏力量相差太大，这次北伐又未能获胜。但诸葛亮并没有灰心，仍一直谋求机会，讨伐魏国，直到最后病死五丈原，践行了他为国家"鞠躬尽瘁，死而后已"的愿望。

车胤孙康囊萤映雪

晋代时，南平新州（今湖南省津市）有一个叫车胤的人，他从小聪颖好学，乡里的贤者曾称赞说："这个孩子将来肯定会做高官。"但少年时期的他却因为家境贫困，父亲无力为他提供良好的学习环境，他也就无法尽兴读书。为此，他只能利用白天时间刻苦背诵诗文。

夏天的一个晚上，车胤正在院子里背一篇文章，他忽然发现许多萤火虫在低空飞舞。一闪一闪的光点，在黑暗中显得有些耀眼。他想，如果把许多萤火虫集中在一起，不就成为一盏灯了吗？

于是，车胤找了一只白绢口袋，随即抓了几十只萤火虫装在袋子里面，再扎住袋口，把它吊起来。虽然不怎么明亮，但可勉强用来看书了。

从此，只要有萤火虫，车胤总会抓一些装在袋子里当作灯火使用。就凭借着这点微弱的光亮，车胤读完了许多诗书经卷，成年后的他以博学多识、聪明英俊而荣耀乡里。后来他在朝廷历任中书侍郎、侍中、国子监博士、骠骑长史、太常、护军将军、丹阳尹、吏部尚书。为人公正、不畏强权。

孙康，是与车胤生活在同一个时代的京兆（今河南省洛阳市）人。

他幼时也酷爱学习，常常感到时间不够用。年轻的时候，孙康总想夜以继日地读书，可家中贫穷，没钱购买灯油，一到天黑，便没有办法读书。特别到了冬天，长夜漫漫，他有时辗转很久，难以入睡。他觉得让时间这样白白跑掉，非常可惜。实在没有办法，孙康只好白天多看书，晚上睡在床上默诵。

一个冬天的晚上，孙康从睡梦中醒来，他把头侧向窗户时，发现窗缝里透进一丝光亮。孙康仔细一看，原来那是大雪映出来的光亮。孙康一喜，借助这光亮不是可以看书吗？于是他倦意顿失，立即穿好衣服，取出书籍，来到屋外。宽阔的大地上映出的雪光，比屋里要亮堂多了。孙康不顾寒冷，坐在雪地里认真地看起书来。手脚冻僵了，他就搓搓手指或起身跑一跑。随后，又聚精会神地读起了书。

此后，每逢在大地铺满冰雪的晚上，孙康总是会坐在雪地里孜孜不倦地读书。这种勤奋苦学的精神，使他的学识突飞猛进，最终成了饱学之士。

由此看来，一个人想要成就一番事业，不经过努力是万万不行的，只有高度自强不息的精神，再加上勤奋刻苦、自觉的努力才可以走向成功。

李淳风勤奋好学

李淳风（602—679年）是唐代杰出的天文学家、数学家。祖籍陕西省岐山县。李淳风的《推背图》以其预言的准确而著称于世。

李淳风从小就是个聪颖好学的好苗子，年纪轻轻就熟读各类书籍。他尤其精通天文、算术、阴阳等学问。

李淳风的父亲是一位在道法上颇有成就的道士，小小年纪的李淳风也对此道心向往之，并且在此道上展现出高于常人的天赋。还未成年的他，就能深入理解那些晦涩难懂的天文字符、算术难题等等。和他一个年纪的小孩还在认字，他就已经在研读如此高深的书籍了。

为了学习到更多的知识，还不满十岁的李淳风就独自一人千里迢迢地赶往南陀山求道，这份好学的劲头确实非常人所能及。长大以后，即便做了官，李淳风也没有放下勤于学习的这股劲头，反而更加深入地钻研，从不满足于已有的知识。当别人家的孩子还在嬉戏打闹、上蹿下跳的时候，李淳风就可以一个人静静地坐在原地仔细地读一本书了。他不理会外界的吵嚷，也不觉得自己的行为枯燥无聊，反而是沉下心，好奇地去探求书中记载的各种奥妙。

成年后，李淳风在朝为官，成日里和那些古籍作伴，他也不觉得乏味。这些关于天文历法的古籍向来就是晦涩难懂，叫人一见便头昏脑涨，直犯困的东西，但他总是静得下心研读，更能得到其中精髓。

在太史局为官时，李淳风还受命编撰了《晋书》等史书。编撰史书可不是什么小事，需要查阅大量典籍，并做整理收集。若是还碰上典籍的遗失或者记录不明等问题，那才是叫人头疼。总之，这不仅需要耗费无数精力，更需要人沉得下心，才能好好完成，一般人可干不了这个活儿。而李淳风做得就很好，他资料搜集很全面，整理也很到位。

李淳风聪颖好学，静得下心潜心钻研的性子使得他在天文、历法和算术等方面有很高的造诣。他在研读前人留下的经验与成就时，一方面提高了自身的水平，另一方面他将这些知识融会贯通，发现了前人的错误和不足，大胆地做出了创新和改变。

公元627年，25岁的李淳风上书给唐太宗李世民，说原来的《戊寅元历》有许多错误，并提出了自己的看法。不仅如此，他还自己请命改进了汉代的天文浑仪。与此同时，李淳风和他的同僚们还一起对传世的十部算经进行了编撰，使其更通俗更易理解，甚至还将其中错误的地方进行了修改，这对后世算术的学习与发展起了不小的作用。

李淳风这一辈子，从他读书识字开始，再到他离开人世，都在致力于天文、算术、历法方面的学习研究。正是他的勤奋刻苦，正是他的潜心深究，才有了他后来的诸多成就。

李白勤勉创作

唐代大诗人李白少年时，曾在眉州象耳山读书。有一次李白逃学回来，经过一条小溪，见一位老大娘在溪旁磨铁杵（舂米的工具），李白问老大娘磨它做什么？老大娘回答说："我要将这根铁杵磨成绣花针。"李白觉得十分奇怪，便又问道："铁杵这么粗，什么时候才能磨成绣花针呢？"老大娘反问李白："滴水可以穿石，绳锯可以断木，愚公可以移山，铁杵为什么就磨不成绣花针呢？"李白想，我学习辞赋，只要有这个精神，超过司马相如是不会有问题的。

李白从此坚定意志，勤学苦练。有一天，他经过几次修改，把一篇辞赋写好了，便兴冲冲地送给父亲看。他自认为写得不错，一定会得到父亲的夸奖。不料，父亲读了以后，很不满意，对他说："你这篇赋写得太差了，既无气势，又乏文采。不过你也不要灰心，应当继续努力。"

李白点了点头："我一定按照父亲的要求办。"回到书房，他把那份文稿投到火炉中烧了。然后重新构思，重新创作，连续拟作了三次，没有一次感到满意，只得都付之一炬，直到第四次，才写成比较满意的《拟别赋》和《拟恨赋》。

范仲淹划粥断齑

范仲淹（989—1052年），北宋时期杰出的政治家、文学家，祖籍邠州（今陕西省彬州市）。范仲淹幼年丧父，后随母亲改嫁，吃尽许多苦头，饱尝过多辛酸。母亲常以孟母自励，悉心教子；范仲淹也常以颜回自律，发愤成才。

范仲淹在醴泉寺读书期间，继父的家境已经比较窘迫，他心知肚明。范仲淹每次离家去寺院，母亲总劝他多带些粮米，一来担心儿子吃不饱累坏身体，二来怕给寺院的师父增加负担。可每次范仲淹都不多带，而且带的数量，出人意料的少。母亲絮叨规劝，范仲淹总是胸有成竹地说："我有数，不少。"初到寺院时，粮米交给厨房，代为制作，随寺院的钟声与和尚们一道用饭。

可范仲淹从早到晚一门心思地读书思考，经常充耳不闻钟声，忘记了吃饭，再去打饭时，已过了时辰。好心的厨僧或小和尚眼看着范仲淹如此废寝忘食地读书，便主动给他送饭来。给别人添了麻烦，范仲淹很过意不去。

为了读书方便，范仲淹自己备了小锅小灶。范仲淹按自己既定的主意，每天夜晚，量好米，添好水，在小灶里点燃自己拾的木柴，煮米粥。他常常一边读书，一边续柴煮粥。一锅米粥煮好了，时间也已过了子夜，他便和衣睡去。第二天清早起来，锅里的米粥凉透了，已经凝固成圆圆的一整块。范仲淹就拿出小刀，在凝固的粥块上面划上一个十字，完整的一锅粥分成了四块。范仲淹常常是早晨吃两块，傍晚吃两块，一日两餐，这便是"划粥"。

用什么菜蔬佐餐呢？菜蔬就在寺院周围的大山之中。坡坡岭岭，沟沟坎坎，自然生长着野韭菜、野葱、野蒜、野山芹，还有苋菜、苦菜、荠荠菜、蒲公英、王不留行、茵陈等十几种可食的野菜。范仲淹白天去山洞读书时，顺便拔几种野菜回来。吃饭时，把十几根野韭菜，或野葱，或野蒜，切成碎末，加入一点盐拌和拌和，一顿佐餐的菜便成了，这就是"断齑"。

划粥断齑，既简约又清淡，省时、省力、省钱，可谓范仲淹的创造！醴泉寺读书三年，范仲淹基本过着"划粥断齑"这种清苦自律的生活。随着范仲淹在北宋历史舞台上光辉业绩的展现，"划粥断齑"也就成了特指范仲淹青少年时代勤奋刻苦读书的专用成语。

司马光圆木惊枕

司马光（1019—1086年）是我国北宋时期的政治家、史学家、文学家。陕州夏县涑水乡（今山西省夏县）人。

司马光从小就和哥哥弟弟们一起学习，由于他贪睡贪玩，因此没少受先生的责罚和同伴的嘲笑。在先生的谆谆教诲下，司马光决心改掉贪睡贪玩的坏毛病。有一次，司马光为了早早起床，他睡觉前喝了满满一肚子水，结果早上没有被憋醒，却尿了床。

后来，聪明的司马光用圆木头做了一个警枕，睡觉时一翻身，头滑落在床板上，自然惊醒。从此他天天早早地起床读书，坚持不懈。司马光努力改掉"记忆差"这个坏毛病，每当先生讲完课，其他人勉强背下来，就扔下书本去玩了；而司马光则关上门窗，聚精会神地高声朗读，读了一遍又一遍，直到自己读得很顺畅、背得滚瓜烂熟，他才肯合上书本，休息一小会儿。

司马光打小时候起就一直勤奋努力地读书学习，做官之后，也从未放弃读书学习。由于知识渊博，主持编撰了编年体通史《资治通鉴》。

曾巩勤劳务实

曾巩（1019—1083年）是北宋时期的散文家、史学家、政治家。建昌军南丰（今江西省南丰县）人。1060年，经欧阳修举荐，先后担任馆阁校、集贤校理兼判官告院。在开封九年，一直从事古籍整理工作。后经本人要求，先后任地方长官12年。

曾巩在任期间，一心为民，所到之处，总是将人民疾苦挂在心上，竭力帮助解决他们的困难。曾巩在任齐州太守时，有一周姓豪族，横行乡里，欺压百姓，官吏不敢过问。他到任后，将周家首恶"取置于法"，解人民之忧。齐州地势低洼，常遭水患，曾巩倡修水利，对内外水位进行彻底治理，修渠道、筑水坝，既解决了城内水患，又有利于农业生产。

曾巩为百姓干了很多好事。在他离任后，当地人在大明湖畔建了座"南丰祠"来纪念他。曾巩在担任襄州知府时，他发现前任遗留下来的一宗案件，冤情严重。经他评审，释放了在押的一百多人。曾巩在担任洪州知府时，正遇洪州发生瘟疫，他迅速采取措施，使各县镇备好药物，及时送到患者手中。对患病不能自理的百姓，由官府收养，提供官宿和医药，有效地控制了疫情，把许多人从死亡线上解救出来。曾巩在担任福州知府时，他发现官府果园占地很大，与民争利。他于是下令取消官府这项收入，让利于民。1080年，曾巩奉命在沧州任职，路过汴京时，神宗听取了曾巩对新政的看法，觉得他很有才能，将其留在京城，在三班院供职。

曾巩为政廉洁奉公，勤于政事，关心民生疾苦。他根据王安石的新法宗旨，结合实际情况加以实施。致力于平反冤狱、维护治安、打击豪强、救灾防疫、疏河架桥、设置驿馆、修缮城池、兴办学校、削减公文、整顿吏治、废除苛捐杂税，深受百姓拥戴。

岳飞勤奋学艺

岳飞（1103—1142年），字鹏举，南宋相州汤阴县（今河南省安阳市汤阴县）人，抗金名将，中国历史上著名军事家、战略家，民族英雄。

　　岳飞打小家里就很穷，从小就很孝顺父母，勤于学习，热爱劳动。岳飞非常喜欢读书，除了《左传》，他最喜欢读《孙子兵法》，并爱好武艺。他总希望自己有一身好功夫，能够保家卫国。

　　有一天，岳飞家住的小镇上来了一个叫周侗的老人，他的武艺非常高强，但他从来都不欺负好人。岳飞就和一些小朋友拜周侗为师，跟着他练武术。岳飞常常很早就到师傅那儿，训练时不怕吃苦。他从来不像一些小朋友那样偷懒，所以，武艺长进非常快，经常得到师傅的夸奖。周侗的绝招是射箭，岳飞很想让师傅早点教给他。可是周侗老是不教岳飞，却让他苦练基本功：蹲马步，头上顶一个小碗，一站就是半天；或是老让他一个劲踢腿、弯腰。为此，小岳飞很不高兴，小嘴成天噘得老高老高，都可以挂一个小水壶了。岳飞回到家里，将这事告诉母亲，母亲就跟他说："练武术就像盖房子，地基必须打牢，然后一块砖一块砖地砌上去，如果地基打得不扎实，墙砌得不牢，这个房子不久就要垮下来，所以师傅让你练基本功，也是为了让你将来能够有一身过硬的本领。"后来，周侗知道了这件事，有一天他特意将自己珍藏了多年的长弓取出来交给岳飞说："如果你能拉开这张弓，我就教你射箭。"小岳飞满不在乎地看了看弓，又看了看师傅说："行啊，我要拉开了，你可不许耍赖。"于是小岳飞使出吃奶的劲去拉那张弓，可怎么拉也拉不动，师傅周侗站在一旁摸着胡须哈哈大笑起来。从那以后，小岳飞练功就更加刻苦了，再也不怕练习枯燥的基本功了。

　　几年以后，小岳飞长成了一个大小伙子。经过几年勤奋努力的刻苦训练，岳飞不仅能很轻松地拉弓，而且射出去的箭也是百发百中。他站在一个很远很远的地方，对准一片柳树叶，能将柳树叶射中。

　　母亲看到武艺高强的岳飞，想到金兵不断侵扰中原，朝廷正在招兵御敌，于是鼓励岳飞参军抗金。岳飞离家前见母亲神情有些感伤，便对母亲说："孩儿这次去京城开封，以后不能侍奉母亲了，请母亲给我背上刺几个字吧!"说完,岳飞脱下上衣跪下。岳母含泪在岳飞背上刺了"精忠报国"四个大字。

从此,岳飞走上了报国之路,经过十多年的沙场鏖战,屡建奇功,成为一代抗金名将。

朱元璋勤于政事

中国历史上出现过很多皇帝,他们或雄才大略、安邦定国,或昏庸无道、暴戾恣睢。对大多数皇帝而言,一个"混"字足以概括其一生;但在中国历史上,也有心怀"质朴"想法的皇帝。他们勤勤恳恳地工作,登基之后丝毫不曾懈怠,他们只是想要建立一个强大的帝国,让子民安居乐业,明朝开国皇帝朱元璋就是其中一人。

朱元璋(1328—1398年)出身穷苦,他从小就有一个梦想,能填饱肚子。为了实现这个梦想,他曾当过放牛郎,做过和尚,但填饱肚子的梦想仍旧很难实现。后来,朱元璋受到朋友的鼓励,毅然揭竿而起,加入了元末的群雄逐鹿队伍中。

朱元璋从小没有接受过系统的军事和政治训练,但却在群雄逐鹿的过程中表现出了惊人的军事和政治天赋,一举击败了各路豪杰,最终问鼎帝位,再次将中原政权夺回了汉人手中,建立了大一统的朱明王朝。

朱元璋当上皇帝后,工作热情高涨。他取消了丞相一职,亲自处理六部事宜。朱元璋一天要批阅200余份文件,处理400件公务。可谓是宵衣旰食。朱元璋生活作风十分简朴。他舍不得穿新衣服,衣服上多有补丁。大臣们看见皇帝这身穿着,纷纷自惭形秽。朱元璋的饮食生活跟他的穿着可是有的一拼,他很少吃肉,基本上都是白菜豆腐汤。

由于朱元璋勤勤恳恳地踏实工作,明初一改元末黑暗、衰败的社会形势,人民安居乐业,国力日渐强盛。

宋濂冒雪访师

宋濂（1310—1381年），祖籍金华潜溪（今浙江省义乌市），后迁居金华浦江（今浙江省浦江县）。元末明初著名政治家、文学家、史学家、思想家。宋濂自幼好学，不仅学识渊博，而且写得一手好文章，被明太祖朱元璋赞誉为"开国文臣之首"。

宋濂打小就很爱读书，遇到不明白的地方总要刨根问底。有一次，宋濂为了搞清楚一个问题，冒雪行走数十里，去请教已经不收学生的闻人梦吉。宋濂没有见到闻人梦吉老师，但他并不气馁，而是在几天后和几位同伴一起再次拜访闻人梦吉老师，清高的闻人梦吉老师并没有见他。因为天冷，宋濂和同伴都被冻得够呛，宋濂的脚趾都被冻伤了。当宋濂第三次独自拜访的时候，掉入了雪坑中，幸被人救起。当宋濂几乎晕倒在闻人梦吉老师家门口的时候，闻人梦吉老师被他的诚心所感动，耐心解答了宋濂的问题。

后来，宋濂为了求得更多的学问，不畏艰辛困苦，拜访了很多老师，最终成了闻名遐迩的散文家！

正因为古人喜欢勤学好问，乐于求知，才达到了博学的境界；他们有"人从三师"的意识，才掌握了更多的知识。一个人做到了这两点，才能更好地实现自己的人生价值。

雍正以勤先天下

1722年冬，康熙帝病逝，第四子胤禛继承皇位，次年改年号雍正。雍正（1678—1735年）在位期间，勤于政事，自诩"以勤先天下""朝乾夕惕"。

在雍正执政的13年里，他坚持每天亲自批阅每一张奏折，13年里每天睡眠时间不足4个小时，在数万件奏折上写下的批语多达1000多万字，此外每一年当中只在自己生日的那一天才会休息。

他"以勤先天下"，不巡幸，不游猎，日理政事，终年不息。仅以朱批奏折而言，雍正朝现存汉文奏折35000余件、满文奏折6600余件，共有41600余件，他在位12年零8个月，实际约4247天，平均每天批阅奏折约10件，多在夜间，亲笔朱批，不假手于他人，有的奏折上的批语竟有1000多字。

雍正45岁登基，58岁驾崩，日日夜夜干了13年，从来都没踏出北京城一步，为国家、为百姓做了许多实事。

古代帝王都能如此勤奋理政，当今的我们难道不更应该为了中华之复兴而努力拼搏吗？

林则徐勤政爱民

林则徐（1785—1850年），福建省侯官县人，清朝时期的政治家、思想家和诗人，因其主张严禁鸦片，在中国有民族英雄之誉。

1841年6月，林则徐抗英有功，却遭投降派诬陷，被道光帝革职，发往新疆戍边，林则徐毫不犹豫地接受了任务。年老多病的他携带粮食、帐篷、被衾，白天迎风冲寒、走马引绳，丈量土地，夜晚卧宿毡庐之中，聆听四野风沙的呼啸。林则徐一年之内先后到达库车、乌什、阿克苏、和阗等九座边城，行程3万余里，足迹遍及天山南北的广袤地域，丈量和查勘垦地共计68万多亩。从1843年秋到1845年11月，大约两年的时间，林则徐在新疆百姓的大力支持和密切配合下，总共开辟屯田88万多亩。有人评价道："由于林则徐的查勘开垦，使新疆的大漠广野，都变成肥沃良田，农户炊烟相望，田野耕作皆满，合兵农为一体，每年为国家省经费无数，回民的生计亦由此而充裕。"

林则徐在开垦荒地的过程中，十分重视兴修水利。在吐鲁番，他发现一种被当地人称为"坎儿井"的地下水利设施，十分赞赏。在实地察看后，他对坎儿井加以改进，增挖穿井渠，每隔丈余挖一口井，连环导引，使井水通流。他将坎儿井推广到了新疆各地，即使林则徐不久奉诏返回内地，他的后任者仍接续他的事业，开凿了许多坎儿井，使坎儿井有如满天繁星，大大改善了农田灌溉条件。新疆百姓就把"坎儿井"称为"林公井"，把林则徐主持修建的水渠称为"林公渠"，以表示对林则徐造福地方的深切感激与怀念。

林则徐流放新疆的三年多时间里，拖着老弱多病之躯，依然不辞辛劳、殚精竭虑，做了许多造福百姓的事，广受后人敬仰。纵观他的一生，难能可贵的是，无论在得意之时，还是在失意之日，他总能做到为官一地，造福一方，以百姓安居乐业为己任，从未有一丝一毫的改变。即便在个人命运遭遇空前苦厄时，他也没有因为巨大的落差而消沉、萎靡和绝望，而是在逆境中忍辱负重，开拓进取，忠实践行了"苟利国家生死以，岂因祸福避趋之"的诺言，展现了他高尚的人格和伟大的灵魂。

苦难和挫折是人生的标杆，往往更能考验出一个人生命的高度和深度。在逆境乃至绝境中依然能演绎人生的精彩，这不正是襟怀坦荡、大公无私、勤政爱民、敢于担当的最好体现吗？

谭嗣同敢作敢为

谭嗣同（1865—1898年），湖南省浏阳市人。他生长在一个世代为官的封建官僚家庭，受过严格的封建文化的熏陶和教育。他鄙视科举，好今文经学，年轻时漫游了西北、东南各省，开阔了眼界，加深了对祖国的热爱，也使他目睹了下层人民饥寒交迫的悲惨生活，从而产生了挽救民族危亡，为振兴祖国而献身的念头。

1895年，甲午战争的失败和《马关条约》的签订，使谭嗣同受到极大刺激。他愤而赋诗曰："世间无物抵春愁，合向苍冥一哭休。四万万人齐下泪，天涯何处是神州！"

1896年春，谭嗣同在北京结识了梁启超，极受梁启超的赞赏。他对康有为的变法主张非常钦佩，自称是康有为的"私淑弟子"。此后，他积极投身于维新变法运动之中，并于1897年初，完成了他的主要著作《仁学》。在《仁学》中，谭嗣同把矛头直接指向封建专制制度和封建伦理道德，号召人们冲破封建伦常的罗网。

1898年初，谭嗣同回到湖南。他主持时务学堂，创办南学会，出版《湘报》，每次集会，都有数百人前来聆听谭嗣同的慷慨陈词，很快使湖南成为维新运动的重要基地。

1898年6月，光绪皇帝下诏变法。受维新大臣徐致靖的举荐，谭嗣同被征入京参与新政。谭嗣同喜出望外，为了报答"圣恩"，他不顾"杀身灭族"的危险，不辞辛苦地积极推行新政。

后来，传说守旧的大臣荣禄将利用光绪皇帝到天津阅兵的机会废掉光绪皇帝。维新人士听了痛哭流涕。此时，谭嗣同自告奋勇去充当说客，劝说袁世凯举兵、杀荣禄、锢慈禧、救光绪、护新政，结果反遭袁世凯的出卖。政变发生时，他同梁启超正在寓所苦筹办法。当搜捕康有为的消息传来，谭嗣同镇定自若，从容地对梁启超说："以前我们没有办法救皇上，现在我们没有办法救康先生。我是不怕死的，就让他们来捉拿吧！"梁启超劝他一起逃跑，他执意不肯，反劝梁启超说："如果没有人躲过这次灾难，将来也就无人继承我们的变法大业，如果没有人因变法而死，我们也就无法报答皇上的知遇之恩。"

其后，谭嗣同又与大刀王五策划营救光绪皇帝，但由于事起仓促，计划落空。这时，谭嗣同的处境已十分险恶，许多人劝他出走，都一一被他拒绝。谭嗣同说："各国变法，无不从流血而成，今日中国未闻有因变法而流血者，此国之所以不昌也。有之，请自嗣同始！"他决心为变法流血牺牲，以此来唤起民众的觉醒。

1898年9月24日，谭嗣同在浏阳会馆被捕。在狱中，他抚今追昔从容自若，用煤渣在牢房的墙壁上欣然题诗："望门投止思张俭，忍死须臾待杜根。我自横刀向天笑，去留肝胆两昆仑。"

同年9月28日，清政府以"大逆不道"的罪名，将谭嗣同和林旭、刘光第、杨锐、康广仁、杨深秀斩首于北京菜市口刑场，史称"戊戌六君子"。在行刑前，谭嗣同横眉冷对，正气凛然，面对屠刀，他面不改色，对着上万名围观者大声高呼："有心杀贼，无力回天，死得其所，快哉快哉！"这使得刽子手不寒而栗，使在场观众为之震撼。这年谭嗣同才33岁。

谭嗣同的死表现了爱国志士们为了国家的强盛而不惜牺牲生命的敢作敢当的英雄气概。

竺可桢水滴石穿

竺可桢（1890—1974年），浙江省绍兴市人。气象学家、地理学家，中国近代气象事业主要奠基人。

竺可桢出生在浙江绍兴东关镇的一个粮商家庭。他小时候天资不错，勤奋好学，2岁就能认字，4岁时能认2000个字。6岁那年，父亲请章镜臣先生做他的私塾老师。章先生学问极高，而且以严厉著称。但他从没有对竺可桢发过火，因为小可桢对自己的要求比老师的要求还要高，总是主动完成更多的功课。他练习写作文时，往往是写了一遍，觉得不够好又重写一遍，直到自己满意了才停笔。

　　小可桢学习太用功了，读起书来就忘记了时间。母亲怕他累坏了身子，经常用陪学的办法督促他早点休息。一天晚上，小可桢准备上床睡觉时，外面院子里的大公鸡已经开始"喔喔"地叫了。天快亮了，他不想让母亲一直陪自己，因为母亲白天干活，晚上还得陪自己读书实在太辛苦了。

　　竺可桢便草草地把书桌收拾了一下，和衣睡下。等母亲睡熟了，他又轻轻地爬起来，背诵昨天老师教的国语课文。天长日久，竺可桢积累了愈来愈丰富的知识。上课时，老师提出的问题，他总能对答如流。

　　竺可桢不满足于已有的学习成果，他总是热衷思考各种问题。他的家乡雨水较多，屋檐上总是滴水，落在下面的石板上发出"滴答！滴答！"的悦耳响声。下雨天，出不去，竺可桢就爱站在一旁数那滴答作响的水滴，数着数着，他像发现了奇迹一般，眼睛出神地盯住石板。

　　竺可桢心里纳闷：这些原本很光滑的石板上怎么会有一个一个的小水坑呀，而且水滴正好滴在小坑里。再看旁边的几块石板，也都有同样的情况。他赶忙跑去请教父亲。看着儿子惊讶的样子和求知的眼神，父亲的脸上浮现出慈祥的笑容。

　　父亲听完了竺可桢的陈述，耐心地向他解释说："小熊（竺可桢的小名）啊，这就叫作'水滴石穿'呀！"竺可桢迫不及待地打断父亲的话："柔软的水滴怎么能弄穿坚硬的石头呢？"父亲语重心长地说："别看一滴一滴的雨水没有什么棱角，很柔软，但是，天长日久，坚硬的石板就被滴出小坑了。读书、学习，办其他的事情，都是这个道理，只要你能持之以恒，就会有所成就。"竺可桢把这件事深深地记在心里。从此，"水滴石穿"成了他的座右铭。他一直用这句话激励自己，学习成绩也一直名列前茅。

　　长大后，竺可桢学业有成，先后创立了我国大学中的第一个地学系和中央研究院气象研究所，开辟了旧中国的气象事业。1949年以后，他出任中国科学院副院长，参与领导了全国的科学研究工作，开辟了自然资源综合考察事业。

梅兰芳养鸽练眼

梅兰芳（1894—1961年），名澜，艺名兰芳。北京人。中国京剧表演艺术大师。

梅兰芳出身于梨园世家，8岁开始学戏，9岁拜吴菱仙为师学青衣，11岁登台演出。梅兰芳年幼时，两只眼睛微微近视，眼皮下垂，眼神不能外露，有时迎风还会流泪，眼珠转动也不灵活。这对一个演员来说，是个致命的缺陷。拜师时，老师说他长着一双死鱼眼睛，很不情愿地接收了他。梅兰芳面对眼睛的缺陷消沉，他暗下决心，要练就一双好眼功。为了实现愿望，梅兰芳从驯鸽练眼功做起。不管寒暑雨雪，每天天刚蒙蒙亮，梅兰芳就起床打扫鸽子笼，给鸽子喂食、喂水。

等鸽子吃饱喝足之后，梅兰芳就根据鸽子飞行能力的强弱，从最初的几对鸽子到后来的一百五十多对鸽子，一队一队地把它们放上天空。放飞之后，梅兰芳既要观察鸽队飞行状况；又要训练新鸽子的飞行；还要轰赶停飞的老鸽子；更要注意鹞鹰的突然侵袭。不管哪一个飞行环节，他都要用眼神注视蓝天中翱翔的鸽群。鸽子在天空盘旋，他的眼睛也不由自主地跟着运转。鸽子越飞越高、越飞越远，他的眼睛也越望越远，仿佛要望到蓝天的尽头。鸽子自下起飞、自上降落，他的眼睛也自然地随着上下活动。梅兰芳天天望着鸽子，数年坚持不断。功夫不负有心人，梅兰芳坚持苦练基本功，他的眼睛不知不觉变得有神了，他的京剧表演更是神形并茂，最终成为我国现代表演艺术大师。

苏步青勤奋好学

苏步青（1902—2003 年），浙江省温州市平阳县人，祖籍福建泉州市，中国科学院院士，中国著名的数学家、教育家，中国微分几何学派创始人，被誉为"东方国度上灿烂的数学明星""东方第一几何学家""数学之王"。

1902 年 9 月，苏步青出生在浙江省平阳县的一个山村里。虽然家境清贫，可他父母省吃俭用，拼死拼活也要供他上学。他在读初中时，对数学并不感兴趣，觉得数学太简单，一学就懂。可是，后来的一堂数学课影响了他一生的道路。

苏步青上初三时，他就读的浙江省六十中来了一位刚从日本留学归来的教数学课的杨老师。第一堂课杨老师没有讲数学，而是讲故事。他说："当今世界，弱肉强食，世界列强依仗船坚炮利，都想蚕食瓜分中国。中华亡国灭种的危险迫在眉睫，振兴科学，发展实业，救亡图存，在此一举。'天下兴亡，匹夫有责'，在座的每一位同学都有责任。"他旁征博引，讲述了数学在现代科学技术发展中的巨大作用。这堂课的最后一句话是："为了救亡图存，必须振兴科学。数学是科学的开路先锋，为了发展科学，必须学好数学。"苏步青一生不知听过多少堂课，但这一堂课使他终生难忘。

杨老师的课深深地打动了苏步青，给苏步青的思想注入了新的兴奋剂。读书，不仅仅为了摆脱个人困境，而是要拯救中国广大的苦难民众；读书，不仅仅是为了个人找出路，而是为中华民族求新生。当天晚上，苏步青辗转反侧，彻夜难眠。在杨老师的影响下，苏步青的兴趣从文学转向了数学，并从此立下了"读书不忘救国，救国不忘读书"的座右铭。一迷上数学，不管是酷暑隆冬，霜晨雪夜，苏步青只知道读书、思考、解题、演算，四年中他演算了上万道数学习题。现在温州一中（原省立十中）还珍藏着一本苏步青用毛笔工工整整书写的几何练习簿。中学毕业时，苏步青门门功课都在90分以上。

17岁时，苏步青赴日留学，并以第一名的成绩考取日本东京高等工业学校，在那里他如饥似渴地学习着。为国争光的信念驱使苏步青较早地进入了数学的研究领域。苏步青在完成学业的同时，还写了30多篇论文，在微分几何方面取得令人瞩目的成果，于1931年获得理学博士学位。苏步青怀着对祖国和故乡的深深怀念，回到了阔别12年的故土。他到浙江大学数学系任教，为国家培养人才。

从苏老的身上，我们感受到了一种精神，就是要志存高远，有踏实、勤于奋斗的精神。只有勤奋努力，下一个创造奇迹的人才有可能是你。

华罗庚勤于动脑

华罗庚（1910—1985年），出生于江苏省常州市金坛区，祖籍江苏丹阳，著名数学家。

华罗庚从小就是个很聪明的孩子，很爱动脑筋，因思考问题过于专心常被同伴们戏称为"罗呆子"。

有一次，他跟邻居家的孩子一起出城去玩，他们走着走着，忽然看见路旁有座荒坟，坟旁有许多石人、石马。这立刻引起了华罗庚的好奇心，他非常想去看个究竟，于是就对邻居家的孩子说："那边可能有好玩的，我们过去看看好吗？"邻居家的孩子回答道："好吧，但只能待一会儿，我有点害怕。"胆大的华罗庚笑着说："不用怕，世间是没有鬼的。"说完，他首先向荒坟跑去。

两个孩子来到坟前，仔细端详着那些石人、石马，用手摸摸这儿，摸摸那儿，觉得非常有趣。爱动脑筋的华罗庚突然问邻居家的孩子："这些石人、石马各有多重？"邻居家的孩子迷惑地望着他说："我怎么能知道呢？你怎么会问出这样的傻问题，难怪人家都叫你'罗呆子'。"华罗庚很不甘心地说道："能否想出一种办法来计算一下呢？"邻居家的孩子听到这话大笑起来，说道："等你将来当了数学家再考虑这个问题吧！不过你要是能当上数学家，恐怕就要日出西山了。"华罗庚不顾邻家孩子的嘲笑，坚定地说："以后我一定能想出办法来的。"当然，计算出这些石人、石马的重量，对于后来果真成为数学家的华罗庚来讲，根本不在话下。

金坛县城东青龙山上有座庙，每年那里都要举行庙会。少年华罗庚是个喜爱凑热闹的人，凡是有热闹的地方都少不了他。有一年华罗庚也同大人们一起赶庙会，一个热闹场面吸引了他。只见一匹高头大马从青龙山向城里走来，马上坐着头插羽毛、身穿花袍的"菩萨"。每到之处，路上的老百姓低头便拜，非常虔诚。拜后，他们向"菩萨"身前的小罐里投入铜钱，就可以问神问卦，求医求子了。华罗庚感到好笑，他自己却不跪不拜"菩萨"。站在旁边的大人见后很生气，训斥道："孩子，你为什么不拜，这菩萨可灵了。""菩萨真有那么灵吗？"华罗庚问道。一个人说道："那当然，看你小小年纪千万不要冒犯了神灵，否则，你就会倒霉的。""菩萨真的万能吗？"这个问题在华罗庚心中盘旋着。他不相信一尊泥菩萨真能救苦救难。

庙会散了，看热闹的老百姓都回家了。而华罗庚却远远地跟踪着"菩萨"。看到"菩萨"进了青龙山庙里，小华罗庚急忙跑过去，趴在门缝上向里面看。只见"菩萨"能动了，他从马上下来，脱去身上的花衣服，又顺手抹去脸上的妆容。门外的华罗庚惊呆了，原来百姓们顶礼膜拜的"菩萨"竟是一村民装扮的。

华罗庚终于解开了心中的疑团，他将"菩萨"骗人的事告诉了村子里的每个人，人们终于恍然大悟了。从此，人们都对这个孩子刮目相看，再也无人喊他"罗呆子"了。

勤于动脑的华罗庚一生在数学上取得非凡的成绩，而他的一生并非一帆风顺，正是在坎坷中，他勤奋苦学，立志成才，为祖国及世界的数学研究做出了无法估量的贡献。

袁隆平躬身田间

袁隆平（1930—2021年），祖籍江西省德安县，中国杂交水稻育种专家，中国研究与发展杂交水稻的开创者，被誉为世界杂交水稻之父。

1953年8月大学毕业后，踌躇满志的袁隆平远离了繁华的都市，选择了偏远的湘西农村——在安江农校当了一名教师。在农校教书的日子里，他利用课余时间走出课堂，走向田埂。烈日当空，农民在榕树下歇息，袁隆平依然头顶烈日，在田里劳作。偶然的机会，他发现一株"鹤立鸡群"的稻株，由此灵感一现，萌生了培育杂交水稻的念头。然而，袁隆平的设想与传统的经典遗传学观点相悖，许多权威学者认为他是蚍蜉撼树，周围充斥着反对声甚至嘲笑声。但他在反复思考、探索之后，更加坚信自己的想法。为了找到意想中的稻株，每天天还没亮，袁隆平早早地吃了饭带着水壶与馒头就往田里赶去。袁隆平手拿放大镜，一垄垄、一行行、一穗穗，大海捞针般在几千几万的稻穗中寻找。六七月份的天气，汗水在袁隆平的背上结成了盐霜，他的皮肤被晒得黑里透亮，连常年扎在水田里的农民都自叹不如。

正是凭着这种坚韧不拔、勇敢顽强的意志，袁隆平在勘察了14万余株稻穗后，经过两年的探索、试验和研究，他终于写成引起国内外科技界高度重视的"惊世"论文《水稻的雄性不孕性》。从此，"杂交水稻"这四个字伴随了袁隆平的一生，成为他毕生不懈追求的事业。

　　袁隆平身上拥有每一位有良知的科学家所具备的优秀品质，许许多多的科学家一生致力于科学研究，他们夜以继日地工作，谁有功夫去看云聚云散；他们精确地估量着生命的意义，谁有私心计较生命的长短；他们在模糊的泥土上见识细小的沙粒，让美妙的花儿绽放开来，使得世界更加精彩。

钟南山与时间赛跑

　　钟南山，男，汉族，中共党员，1936年10月生于福建省厦门市。他是中国工程院院士，著名呼吸病学专家，长期从事呼吸内科的医疗、教学、科研工作。现任国家呼吸系统疾病临床医学研究中心主任、国家卫健委高级别专家组组长、国家健康科普专家。

　　钟南山长期致力于重大呼吸道传染病及慢性呼吸系统疾病的研究、预防与治疗，成果丰硕，实绩突出。新冠肺炎疫情发生后，他在疫情防控、重症救治、科研攻关等方面作出了杰出贡献。荣获国家科学技术进步奖一等奖和"全国先进工作者""改革先锋""全国道德模范""时代楷模"等称号。

　　2020年1月18日（农历腊月二十四）晚，84岁高龄的钟南山赶到了人山人海的广州高铁站。正当春运，去武汉的高铁票早已卖完。事情紧急，颇费周折后的他才挤上了G1102次车，在餐车找了一个座位。

　　钟南山走得非常匆忙，羽绒服都没有带，只穿了一件咖啡色格子西装。接到请他紧急赶到武汉的通知，钟南山就感觉此行不同寻常。尽管疲惫，但他还是打开电脑，开始仔细研究每个材料和文件。

　　这一天，武汉不明原因肺炎患者增加到了59例。这种原因不明的病例出现在新闻中，给这个漫长的暖冬带来一丝隐忧与不安。但人们不以为意，南来北往的人流正在向着家的方向聚集。人们奔波忙碌了一年，都在筹划着怎样过大年。谁也想不到，一个潘多拉魔盒正在打开。

钟南山不时看一看手表，实在困了，他在低矮的靠背上仰头睡一下。这张打盹的照片后来迅速在网上传开。照片里，乘客都在低头看手机，他几乎是唯一的老年人。四个多小时后，他在深夜时分抵达武汉。

19日一早，钟南山临危受命，被任命为国家卫健委高级别专家组组长。随即展开了紧锣密鼓的行程：到华南海鲜市场实地调研、金银潭医院考察、与ICU医生视频交流、到当地疾控中心进一步了解情况、与武汉市卫健委核实当时已发病的实际人数……

20日，钟南山到国务院汇报情况，并通过新闻现场连线，向全国人民介绍新型冠状病毒的病情发展情况。"肯定的，有人传人现象"，钟南山在关键时刻的判断，为控制疫情的蔓延赢得了先机。他提出了"四早"（早发现、早报告、早隔离、早治疗）的疫情防控策略，让国内的疫情得到有效控制。

在抗击疫情的战斗中，钟南山与时间赛跑，他用自己的行动，诠释了医者仁心、学者大义。

屠呦呦潜心研究

"呦呦鹿鸣，食野之苹"，《诗经·小雅》的名句寄托了屠呦呦父母对她的美好期待。作为一名生药学专业学生，屠呦呦考入北大医学院时就和植物等天然药物的研发应用结下不解之缘。从1955年进入中医研究院以来，她几十年如一日，埋首于深爱的事业中，将一份份漂亮的成绩单回馈给党和人民。

屠呦呦入职时正值中医研究院初创期，条件艰苦，设备奇缺，实验室连基本通风设施都没有，经常和各种化学溶液打交道的屠呦呦身体很快受到损害，一度患上中毒性肝炎。除了在实验室内"摇瓶子"外，她还常常"一头汗两腿泥"地去野外采集样本，先后解决了中药半边莲及银柴胡的品种混乱问题，为防治血吸虫病做出贡献；结合历代古籍和各省经验，完成《中药炮炙经验集成》的主要编著工作。

1969年，屠呦呦临危受命，接受了抗疟药物研究的任务。疟疾，早在公元前二三世纪时就有记载，在世界上已经横行霸道了数千年，也是在世界上流传最广的热带寄生虫传染病。世界上还没有人找到可以彻底治疗疟疾的方法，任务多么艰难，可想而知。但她并没有退缩，她深知能力越大，责任越大，她担负了这个责任，抗疟药物的研发慢慢地展开了。屠呦呦深知中药是瑰宝，在尝试了多种方法后，她把研究重点放在了中医药上。既然历史书籍上有过疟疾的记载，那会不会也记载了解决的办法，有了这样的想法后，屠呦呦和她的同事开始系统地收集整理历代医书、本草、民间偏方等。她翻阅古籍，在2000余图书资料的基础上，挑选了640种药物编写成册。她用小鼠模型评估了大约200种药材，获得了380种提取物，要在这380种提取物中再次实验，选出最佳的药物。终于她在一份青蒿的提取物中发现它可以有效地抑制寄生虫的生长，却因为在后面的实验中没有再次发现此类现象而让屠呦呦及其团队有些怀疑。

但是屠呦呦和同事们再一次投入研究，终于获得方法，提升了提取物的活性。

1971年，屠呦呦发现了青蒿抗疟的方法，举世皆惊，伴随着人类多年的疟疾终于有了救治之法。自1969年接受任务，到2015年世界瞩目，屠呦呦用了40多年的时间，拯救了无数人的生命。

2015年10月5日，屠呦呦因其在抗疟药物方面的贡献，被授予诺贝尔生理学或医学奖。

为什么屠呦呦可以在平凡岗位上大有作为？或许我们可以从她说过

的一句话中找到答案："一个科技工作者，是不该满足于现状的，要对党、对人民不断有新的奉献。"

张富清奋发有为

1924年12月，张富清出生于陕西汉中洋县马畅镇双庙村一个贫农家庭。兵荒马乱的年月，他在家种过地，给地主当过长工，没有上过一天学。

1945年下半年，家中唯一的壮劳力二哥被国民党抓壮丁，为了一家人维持生计，他用自己将二哥换了出来。宜川战役中，国民党军整编第九十师在瓦子街落入我军伏击圈被歼，作为该师杂役的张富清，选择参加革命，成为王震所领导的英雄部队——三五九旅七一八团的一名"人民子弟兵"。

1948年7月，壶梯山战斗打响。在这场战斗中，张富清荣立师一等功，被授予师"战斗英雄"称号。1948年11月，在永丰城战斗中，张富清带着2个炸药包、1支步枪、1支冲锋枪和16个手榴弹，攀上寨墙，炸掉了敌人两个碉堡，在身受重伤的情况下，独自坚守阵地到天明，数次打退敌人反扑。他因此荣立一等功，被授予"战斗英雄"称号，并被西北野战军加授特等功。

1955年1月退役转业时，张富清坚决服从组织安排赴湖北最偏远的来凤县工作。他带着爱人孙玉兰扎根来凤县，一口皮箱，锁住了他在战场上获得的全部荣誉。

到来凤县后，张富清先后任城关粮油所主任，三胡区副区长、区长，建行来凤支行副行长等职务。每一个岗位，他都脚踏实地，竭尽所能，担当奉献。为了带头示范，他让爱人孙玉兰从自己分管的三胡区供销社下岗，让大儿子张建国到卯洞公社万亩林场当知青。面对工作中的困难，他不躲不绕，想方设法，克服解决。刚开始进驻生产大队时，群众不买账、不认可。为了让群众接受自己，他住进最穷的社员家，白天与社员一起干重体力活，晚上开完会后，帮社员挑水扫地。他想群众之所想，急群众之所急。进驻卯洞公社高洞管理区，群众反映出行难、吃水难后，他带着社员四处寻找水源，50多岁的年纪腰系长绳，下到天坑底部找水。他带着社员修路，与社员一起在绝壁上抡大锤打炮眼。他任三胡区副区长、区长期间，主导修建了三胡区历史上第一座水电站，供附近的两个生产队照明。

1985年1月，张富清站完最后一班岗，从建行来凤支行副行长岗位上离休。离休后，张富清保持艰苦朴素的作风，住老房子、穿老衣服、用老家具、过老生活。虽然离休了，但他未有一丝懈怠，时时处处严格要求自己。卧室的书桌上，摆着成堆的学习资料。书桌右侧的抽屉里，放着他的药——享受公费医疗政策的他，为了防止家人"违规"用自己的药，不惜锁住了抽屉。

2012年，张富清因病左腿截肢。为了不影响子女"为党和人民工作"，88岁的他装上假肢顽强站了起来。

2018年底，国家开展退役军人信息登记，张富清隐藏半个多世纪的战功才得以发现。讲起登记的初衷，张富清说："我起初不想把这些奖章和证书拿出来，但考虑到如果不拿出来，那就是对党不忠诚，是欺骗党的行为……"

战斗英雄的事迹披露后，诸多光环加身，他依然是老样子，一切都没有变，还是那个坚守初心，保持本色的张富清。"我要在有生之年，坚决听党的话，党指到哪里，我就做到哪里，党叫我做啥，我就做啥。"这就是主动作为，勇于担当的张富清说的心里话。

陈金水三进西藏

在海拔4800米的西藏安多县气象站，有一口"金水井"。50多年前，气象人陈金水在这里树起了世界海拔最高的有人值守气象站。

陈金水是杭州临安人。1956年，21岁的他从北京气象学校毕业。当时正逢西藏自治区筹备委员会成立，中央决定选调一批气象人员进藏，他主动递交了赴藏申请。1956年到1995年，从雅鲁藏布江畔的泽当到雄伟的唐古拉山，再到横断山脉的三江流域，他三进西藏奋斗33载，被誉为"高原赤子"。

20世纪五六十年代，由于缺乏数据支撑，我国对雪域高原的气候研究处于一片空白。为建立完善的气象资料，陈金水和同事们开始了艰难而又漫长的资料收集过程。1965年10月，海拔4802米的安多气象站拔地而起，这个全球海拔最高的气象站，填补了世界气象史上的空白。在自然条件恶劣的安多，陈金水因连续值班188天，每昼夜观测4次，记录数据数万个，无一差错，成为西藏首个获得"百班无错情"称号的观测员。

1996年，退休后的陈金水回到家乡临安，奔忙在学校、企事业单位，宣讲党的方针、政策，讲述自己所挚爱的气象事业，勉励年轻人要全心全意为人民服务。从风华正茂的青春时代，到告老还乡的桑榆暮年，陈金水谱写了一曲无私奉献、勤奋工作、勇于担当的赞歌。

姜素椿坚守一线

2003年的春天，广东，这个中国经济改革的桥头堡，因为非典型肺炎而进入了一场前所未有的恐慌。此时的北京，人们正沉浸在没有沙尘暴的喜悦当中，74岁的军队医学专家、解放军三〇二医院原专家组成员姜素椿没有想到，北京第一例输入型非典病人已出现。因姜素椿年事已高，而且曾患癌症做过手术，医院领导要求他只在室外坐镇指导抗击"非典"。

然而，姜素椿在治疗现场，感到问题严重，情况危急。他以高度的责任感，始终站在抗击"非典"的第一线。在那些日子里，人们在病房、手术室总能看到这位老专家忙碌的身影。

他连续参加对患者的诊断、治疗总结，经常忙得顾不上吃饭和睡觉。然而，由于体力严重透支，他终于被感染了。姜素椿建议，立即到广州采集"非典"康复后患者的血清，在自己身上进行试验。大家清楚，输注任何血制品都有一定的风险，是试验就有失败的可能。

但在无私无畏的姜素椿的执意要求下，经医院紧急论证，于3月22日，在姜素椿身上注射了这种血清。同时，医院配合其他药物进行治疗，姜素椿患病23天，就奇迹般康复出院了。姜素椿又回到工作岗位，为攻克防治"非典"难题做贡献。

在姜素椿身上我们看到了勤劳和担当。

徐立平不畏艰难

徐立平，男，汉族，中共党员，1968年10月生，大专学历，江苏溧阳人。国家高级技师、航天特级技师，中航四院固体火箭发动机总装厂七四一六厂固体火箭发动机燃料药面整形组（徐立平班组）组长。

工作30多年来，徐立平同志立足航天固体发动机整形岗位，不惧危险、执着坚守，勇于担当，干一行、爱一行，爱一行、精一生，练就一身绝技绝招，成为我国航天固体推进剂整形技术领域的领军人物，被誉为新时代"雕刻火药、为国铸剑的大国工匠"。先后荣获最美航天人、航天技术能手、三秦工匠、三秦楷模、全国技术能手、中华技能大奖、全国五一劳动奖章、感动中国人物、时代楷模等荣誉。

徐立平同志具有直面困难、不畏艰险的责任担当。面对急难险重任务，徐立平同志不畏艰难、勇挑重担。航天大型固体发动机挖药工作难度大，且危险性很高。由于国防建设需要，固体发动机使用燃料含能量越来越高。2005年徐立平的班组接到一项紧急任务，要给一台已经装满推进剂的高能发动机挖药。徐立平第一个钻进了发动机里，接连干了一个多月，最终通过挖药，成功找出问题所在，保证了型号试验圆满成功。在承担任务时，徐立平同志总是先召集班组主操作，商讨操作方案和步骤，制定安全和质量措施。执行危险和重大任务时，他总是第一个进入现场，率先钻进发动机壳体进行操作，发挥了一名共产党员的先锋模范作用。

工作和生活中，他始终心怀感恩，做事踏实坚韧，做人诚信友善、谦虚谨慎。他爱企如家，始终用自己的智慧和热情积极为企业发展、事业进步做着贡献。他甘于寂寞、不慕浮华，视名利淡如水，看事业重如山。他把团队的成长进步当作重要职责，依托"徐立平大师技能工作室"，热心帮带、无私传技，他所带领的班组中有多人担任重点班组副组长，多人成长为国家级技师和技能技艺骨干。他所在的班组被中国国防邮电工会和航天科技集团公司联合命名为"徐立平班组"。

近年来，党和国家给了徐立平很多荣誉，他肩上也多了全国人大代表、陕西省总工会兼职副主席等政治责任，徐立平始终保持谦虚谨慎、严慎细实的作风和品格，坚守在一线、工作在一线、奉献在一线，为航天事业的发展贡献着智慧和力量。

朱林涛使命在肩

中国电子科技集团公司第四十五研究所电子元件设备事业部的朱林涛，担负着丝网印刷设备市场化和叠层机产业化推广重任。他在平凡的岗位上，凭借担当的精神干出了不平凡的事业。

有一次，为交流推广丝网印刷设备，朱林涛一周内拜访了5个不同省份的客户，一年来累计出差200多天，他开玩笑地说，"我大部分时间不是在客户那里，就是在去见客户的路上"。尽管如此，工作中他从来没有抱怨过苦和累，始终都以优秀党员的标准严格要求自己，以高昂的斗志和饱满的热情投入工作中，勇挑重担、敢打敢拼，为事业部的发展做出了巨大贡献，多次获得"优秀员工""七好党员""先进个人"等荣誉称号。

2020年8月，电科装备45所自主研发的国内第一台国产化MLCC叠层机样机发往用户试用，试用期为3个月。如果试用期结束，叠层结果不能满足工艺生产要求，设备就要拉回所里，这也意味着事业部将彻底失去进入MLCC行业的机会。因此这个项目至关重要，它的成败关系到部门未来的发展。于是，事业部支委会决定成立"叠层机产业化推广突击队"，朱林涛作为突击队骨干员工，深知自己身上的担子有多重，他暗下决心，"一定要不折不扣地完成好领导交给的任务，不光做好样机的试用工作，更要做好叠层机的产业化推广"。

这个目标点燃了朱林涛的激情，他带领两名同志夜以继日地奋战在一线，连续两个多月，几乎每天都工作到晚上10点以后。对于叠层这种全新的工艺，调试过程中会不断遇到新的问题，需要有丰富的现场经验才能思考和解决。他顶住压力，守在现场和用户一起探讨分析问题出现的原因，寻找解决办法，最终克服了一个个困难。

付出终得回报，在朱林涛和全体突击队成员的通力合作下，电子元件设备事业部研发的叠层机批量生产了从2.1微米到12微米厚、从0805到0201的全系列产品，产品合格率也高出用户工艺要求，设备的整个生产进度相比进口设备的调试验证，整整提前了一个月，深得客户认可。

多年来，朱林涛同志一直用强烈的事业心、责任心和不折不扣的执行力，做好领导分配的各项任务。相信在未来，他会继续以"钉钉子"的精神，坚持理想信念，敢打敢拼，毫不放弃，为中国电科高质量发展贡献自己的一份力量。

张桂梅躬身前行

张桂梅，女，满族，中共党员，1957年6月生于辽宁岫岩。云南丽江华坪女子高级中学书记、校长，华坪县儿童福利院院长（义务兼任）。

张桂梅是改革开放中成长起来的忠诚的共产主义信仰者，她总是以自己的思想、人格、情感、行为和学识起到先锋引领作用。以共产主义信仰为办学教育模式，改革创新锻造了丽江教育史上的奇迹，展示了锐意改革、敢打敢拼的光辉形象。她先后荣获"全国先进工作者""全国十佳师德标兵""中国十大女杰""全国精神文明十佳人物""全国五一劳动奖章""全国十佳知识女性""中国十大教育年度人物""全国百名优秀母亲""全国最美乡村教师""全国优秀教师""全国三八红旗手""全国教书育人楷模""感动中国2020年度人物""全国脱贫攻坚楷模""全国道德模范"等荣誉称号，2021年6月29日，张桂梅被党中央授予"七一勋章"。

2008年9月1日，在张桂梅老师的倡导下，在省、市、县各级党委政府的支持下和社会各界捐助下，云南丽江华坪女子高中开学了。

办校10余年来，5000多个日夜身患重症、满身药味、满脸浮肿的张桂梅住在女子高中学生宿舍，与学生同吃、同住，陪伴学生学习。

办校10余年来，张桂梅每年春节一直坚持家访，亲自走访了近2000名学生的家庭，没有在账上报过一分钱。学生来自丽江市四个县的各大山头，家访行程十万多公里。不管山路多么艰险，她从未退缩。车子到不了，便步行；步行走不稳，爬也要爬到。每次家访回来，她都要重病一次。张桂梅用柔弱的身躯扛过了病痛带来的巨大的痛苦，用共产党人的信念，支撑着走进每个孩子的家。

张桂梅曾说过："人要有一种不倒的精神、一种忘我的精神、一种自信的精神，雨水冲不倒，大风刮不倒，只要我们坚持着，觉得自己能行，就不会倒，什么样的奇迹都会创造。"10余年来，张桂梅老师为了女子高中，一直孜孜不倦地前行。用生命陪伴着女高的孩子，忘记了失去亲人的悲痛；忘记了别人诸多不解、非议和委屈；忘记了头顶上的一长串殊荣；忘记了折磨她的病痛和不幸；忘记了年龄和生死，以忘我的精神投入党的教育事业中。她坚信丽江华坪女子中学就是要让最底层的百姓看到希望；要让他们的孩子和所有孩子一样，享受教育的公平，享受到党和政府的阳光与温暖；丽江华坪女子中学就是要培养能回报社会、真正具有共产主义理想、能把自己从社会上得到的帮助再传递下去的学生。

张桂梅曾经说过："如果说我有追求，那就是我的事业；如果说我有期盼，那就是我的学生；如果说我有动力，那就是党和人民。"她是这样说的，更是这样做的。孜孜不倦，勤劳朴实，成就着每一位大山里的女孩子美好的未来。

第四章 崇廉典故

　　岐山是我国廉政思想的发源地之一，自古以来，就流传着召公"甘棠遗爱，廉政为民"的感人事迹。在我国思想发展史上，周代是廉政思想发展的重要阶段，"廉政为民"是周代圣贤的治国大经大法之一，也是"成康之治"出现最主要的原因。

　　本章通过14个周文化典故，从不同角度阐述了周代廉政思想的内涵和外延。这些典故反映了周代圣贤勤廉治国、天下大治的政治抱负，为后世留下了值得借鉴和学习的典范。

周太王仁政爱民

　　周太王古公亶父是一位勤劳而善良的君主，在豳地（今陕西省彬州市、长武县一带）生活的时候，他继承了始祖后稷和先祖公刘的美德，爱民如子，带领部族发展农业生产，改善生活条件，不几年，这里成了人们的向往之地。同时，周边的西戎和北狄部落面对生活安定而富饶的豳地起了野心，他们持续不断地侵扰，使得周部族人心惶惶，这样也直接威胁到了部族的生存。

　　周部族的人们多次拿起武器要奋起反击，古公亶父不忍杀人父子，他便对族人说："民众拥立君主，是想让他给大家谋利益，现在戎狄部落前来侵犯我们，目的是为了夺取我们的土地和民众。民众跟着我这个首领或跟着他们的首领，同样都是生活，有什么区别呢？如果民众为了我的缘故去打仗，牺牲民众的父子兄弟，却让我做你们的君主，我实在不忍心干这样的事情。"于是，为了避免无谓的流血，周太王舍弃了家园，率领部族顺着漆水沿岸向南迁徙，最终来到了岐山箭括岭脚下的周原定居。从此，周原大地上成长起了一个伟大的部落——周部落。日渐强盛的周部落最终灭商建立了周王朝。

　　可以说，周太王是周王朝的奠基人。在周人发展史上，他是一个上承后稷公刘之伟业，下启季历，以及文王武王之盛世的关键人物。他积累德行，施行仁义，国人都非常爱戴他。这种亲民、爱民、仁德的观念，深刻地影响了中国数千年的思想文化。

吴太伯仁义礼让

　　古公亶父（周太王）迁岐后，被商朝封为西伯侯。古公亶父有三个儿子：长子太伯、次子仲雍、三子季历。季历的儿子昌就是后来的周文王，自小聪明过人，才华出众，深得爷爷古公亶父的宠爱。古公亶父晚年时，就想把西伯侯的位子传给孙子昌，他常常给人们说："我们周部族以后要兴旺起来，恐怕就在昌身上了，这是天神的意思。"

然而当时的礼法是立长不立幼，太伯作为古公亶父的长子是当仁不让的继承人。然而太伯一旦继承了西伯侯的爵位，昌就没有了当诸侯的机会了，周的发达便无从谈起。这件事萦绕在古公亶父心头，让他很是头疼。太伯看到父亲终日忧闷，郁郁寡欢，他明白了父亲的心思，心想："父亲想传位给侄儿昌，我不就成了块拦路石吗？那么，为孝顺起见，我应该早死才是，然而可恨的是，我的身体竟然非常健康，该怎么办呢？实在不行我还是自动消失吧。"

太伯把自己想要离开周地的想法告诉了他的大弟弟仲雍，仲雍笑着说："哥，你也不好好想想，你走了以后不还有我吗？诸侯的位子照样落不到侄儿昌头上，干脆这样好了，咱哥俩一起远走他乡吧。这样一来，咱们的弟弟季历前面没有我俩挡着，他就能顺理成章地继位了。"

于是，为了成全父亲的心愿，太伯和仲雍便趁父亲病重之时以上山采药为由离开了周原岐山，前往西部100多公里以外的吴山（今宝鸡市西北部的新街镇的西镇吴山）。

太伯、仲雍入吴山不返，这样，季历就被立为了太子。不久，古公亶父因病去世。为了照顾氏族的传统，他临终时留下遗嘱，要季历将王位归还给太伯。太伯、仲雍得知父亲病故的消息后立即从吴山赶回来奔丧。这时，季历依照父亲的遗命，要把王位让给太伯，太伯坚辞不受。后来，太伯见几次避让都不行，只好带着弟弟仲雍和西吴的族人远走高飞，举族南迁。他们从陕西西部的吴山出发，一路跋山涉水，披荆斩棘，向东辗转迁徙，最后到达距周原岐山千里之外的江苏无锡梅里。太伯再次出走后，季历顺理成章地继承了王位，世人对太伯高风亮节的行为赞不绝口。

大约在公元前1193年，季历被殷朝第29代商王太丁杀害，季历的儿子昌请求太伯回西岐继位，太伯再次让位于昌（即后来的周文王）。这就是让百姓肃然起敬的第二让。

太伯、仲雍来到江南梅里后，和当地人融为一体，并和当地居民一起开发了江南，使得原本人烟稀少、土地肥沃的梅里地区逐渐成为人丁兴旺、经济发达的富庶之地。太伯、仲雍也因此被当地人民推举为部族首领。后来，太伯在东吴之地重建国家，国号"句吴"。句吴国建立后，太伯却一直不肯称王，只让人们称"伯"，并且没有留下后代，最终把王位让给了弟弟仲雍。

太伯三让其位高风亮节，被后世尊为江南人文之祖。周文王继位后带领周族迅速强大，周族灭商后，为感念太伯让位之恩，后人被封在吴地，尊太伯为吴姓得姓始祖。

推敬崇仁的丹书

相传周文王做西伯侯的时候，他常常废寝忘食，夜以继日地为民众的事务而操劳。

一天中午，他正在都城丰（西安市西南）的官府里处理政事。忽然，有一只全身红色羽毛的鸟，嘴里衔着一块红颜色的骨片落到了他的房门上。周文王恭敬地走过去拜了拜，双手从鸟儿的嘴里取得"骨片"。他仔细一看，只见"骨片"上刻满了文字。他疑惑地读了起来："恭敬胜过懈怠，就会吉祥；懈怠胜过恭敬，就会灭亡；仁义胜过欲望，就会顺利；欲望胜过仁义，就会凶险。凡是办事情不努力就会出偏差，不恭敬就会导致歪门邪道，偏差歪邪就会毁灭，恭敬认真就会永世长存，靠仁义得到国家，并以仁义来治理国家，就会有百世不变的江山；靠不仁得到国家，用不仁不义来治理，祸害马上就来了。"周文王一边读着"骨片"上刻画的内容，一边深深地思考，这不正是教我顺天受命取得天下的"丹书"吗？从此，周文王做事更是勤勉有加，常常将敬德保民挂在嘴上，将百姓疾苦装在心间。他以仁义治理西岐，使得天下归顺，他为儿子武王最终灭商营造了良好的社会氛围。

从这封"丹书"的内容可以看出，周人十分推崇"敬"和"仁"。它用简短的几句话，把恭敬与懈怠、仁义与欲望同干事创业相结合，告诉人们，同样的一种工作，抱持的态度不同，就会收到截然不同的效果，这不正是社会主义核心价值观中爱岗、敬业精神的体现吗？

周文王礼贤下士

周文王做西伯侯的时候，他遵循祖先后稷、公刘等人的遗训，大力发展农业。他时刻以祖父古公亶父、父亲王季为榜样，敬老、慈少，倡导族人和睦相处，同时广求天下人才。

有一天文王要出去打猎，行前照例进行了一番占卜。据说这一卦与往常不同，预告他出猎并不能获得什么珍禽异兽，而是要得到一个能成就他霸王之业的辅佐。

文王将信将疑。当他们走到渭水南岸的时候，遇到了一位白发苍苍的奇怪的老头坐在岸边钓鱼。只见这位白发苍苍的老头不慌不忙，每起一钩，就钓上一条活蹦乱跳的大鱼，文王在一旁看得着了迷。后来文王就与钓鱼的老人搭上了话，两人由钓鱼谈到了国家的治理，由国家的治理谈到了百姓的生活，又由百姓的生活谈到了纣王的无道……他们愈谈愈投机，真是相见恨晚。

最后，周文王从老人对天下形势的精辟分析和他对治国安邦的一整套见解中，欣喜地发现眼前这位老人确是一位上知天文，下通地理，中晓天下大事的非凡人物。他也知道了这位老人姓姜名尚，字子牙。文王心悦诚服地对子牙说："记得我们的老太公古公亶父曾说过：'只有把才能出众的人请到周国，周国才能强盛起来'，您恐怕就是这样的人吧？我们老太公可盼望您好多年了！"

于是周文王把姜太公请上了自己的车子，一起回到了京城。

姜太公到了文王那里，先被立为国师，也就是最大的武官；后来升为国相，总管全国政治和军事。姜太公不负众望，辅佐文王，一面加紧生产，一面训练兵马。姜太公指挥军队先后灭掉了密须、崇等助纣为虐的诸侯国，使周的疆界大为扩展。公元前1046年他协助武王一举灭了殷商王朝。

历史证明：要治国兴邦，必须任人唯贤，重视发掘、选用人才。周文王善于用人，不仅得到了后代君王的推崇，而且得到了社会和民间的一致认可和高度评价。

虞芮国君知廉耻

商朝末年的时候，在西岐的东边（今山西省平陆、芮城县一带）有两个小小的侯国，一个名叫虞国，一个名叫芮国，两国相邻。

长期以来，虞芮两国的君王为了边界上的一块田地相互争执，经常吵架，久而不决。后来一个从西岐归来的虞国人告诉两国君主，西岐周国的国君西伯侯昌是一个有德之人，在西岐很有声望，他办事公道，老百姓言听计从，如果二君去找西伯侯辩解是非，评判此事，那绝对会得到一个公允评判的。于是虞、芮二君便去找西伯侯评判曲直。

一天，他们二人来到了西岐国边境，发现西岐的天蓝、水清、山翠，到处是一片祥和局面。他们看到：相邻两块地里耕田的农夫总是相互推让田塍（chéng。田间的土埂、小堤）。"耕者让其畔"的景象让他们觉得惊讶。路上的年轻人因为走得急，不小心撞倒了小孩子，一个急忙赔礼，一个连连摆手说没事。"路人相怜惜"的情景，使两位国君深受感动。街道上，行人男在左，女在右，到处是年轻人提着东西，搀扶老年人行走的情景。两位国君深感这种"男女有其别，斑白不提挈"的现象在自己国家实在是太少了。当进入西岐都城后，在傍晚留宿客栈就寝时找不到门闩，他们才知道这儿夜里睡觉不关门。第二天，又发现一位中年妇女手里拿着一根簪子，站在街道旁边寻找失主，这就是"夜不闭户，路不拾遗"的景象；到了西岐的官府，更发现周人是士让大夫、大夫让卿，有礼有节。

虞芮两国国君看到西岐国规家风深受感动，还没有见到西伯侯就已经感觉非常惭愧。他们想，自己身为国君，难道还不如西岐国的平民百姓？他们不好意思去西伯侯面前提地界争执一事，于是两人齐说："我们真是小人，我们所争的，正是人家西岐人以为羞耻的，我们还找西伯侯干什么，只会自讨羞辱罢了。"于是，在握手言和后，两国国君各自坐着车回国了。回去后，他们让出了所争之地作为"闲田"。纠纷也从此得到解决，相安无事，和睦相处。

虞芮相争的故事不仅反映了三千年前周原大地的良好社会风气，同时也告诉我们，为人相处要文明、谦让、和谐、诚信和友善，不要自私自利。安乐、祥和是一直被历代文人所追求和向往，也是我们今天要大力提倡和传承弘扬的。

周公旦大公无私

周武王建立了周王朝以后，过了两年就因病去世了。他的儿子诵继承王位，这就是周成王。那时候，周成王才13岁，再说，刚建立的周王朝还不大稳固。于是由武王的弟弟周公旦辅佐成王掌管国家大事。

周公旦尽心尽力辅佐成王，管理国事，他常常为了国事而吐哺握发，可是他的弟弟管叔、蔡叔却在外面造谣，说周公有野心，想要篡夺王位！纣王的儿子武庚虽然被封为殷侯，但是受到周朝的监视，觉得很不自由，巴不得周朝发生内乱，重新恢复他的殷商的王位。于是，武庚就和管叔、蔡叔串通一气，联络了一批殷商的旧贵族，还煽动东夷中几个部落，闹起叛乱来。武庚和管叔等人制造的谣言，闹得镐京也沸沸扬扬，连召公奭听了也怀疑起来。成王年小不大懂事，更辨不清是真是假，对这位辅助他的叔父也有点信不过。周公旦心里很难过，他首先向召公奭披肝沥胆地谈了一次话，告诉召公奭，他绝没有野心，要他顾全大局，不要轻信谣言。召公奭被他这番诚恳的话感动，消除了误会。

周公旦在安定了内部之后，毅然调动大军，亲自率领大军东征。这时候，东方有几个部落像淮夷、徐戎等，都配合武庚，蠢蠢欲动。周公旦授权给太公子牙，凡是各国诸侯有不服周天子的，都由太公子牙征讨。经过三年时间，周公旦终于平定了叛乱，杀了武庚，逼迫兄长管叔自杀，弟弟霍叔革职、蔡叔充军。周公旦东征后，他觉得镐京在西方，要控制东部的广大地区很不方便。于是决定就在中原地区新建一座都城，叫作洛邑（今河南省洛阳市）。打那以后，周朝就有了两座都城。西部是镐京，又叫宗周；东部是洛邑，又叫成周。

周公旦辅助成王执政了七年，总算把周王朝的统治巩固下来了。到周成王满20岁的时候，周公旦把政权交给成王管理。

周公旦大公无私和天下为公的高尚品德，不但激励着后世的仁人志士，也是我们今天干事创业用之不竭的精神财富。

召公奭勤廉为民

召公奭，西周初年的重要历史人物，是历经文、武、成、康四代君王的重臣，对周朝有着重大的历史贡献。他提出了"敬德""勤政""保民"等廉政思想，被誉为中华"廉政始祖"。

作为太保，进谏武王。公元前1046年，在召公奭等人的辅佐下，武王推翻了商纣王的残暴统治，建立了周朝，四方诸侯前来朝贺。一天，西方旅国国君派使者送给武王一只大犬，名叫"獒"。这只獒生得肥头大耳，浑身卷毛，一见人就摇尾巴，十分可爱。召公奭见武王成天牵着獒向人显摆，担心他误了国事，于是特意写了一篇文章《旅獒》，呈献给武王。文中写道：玩人丧德，玩物丧志。作为君王，要勤于养德，不要夸耀细小的善行，而要积累大德。只有这样做，百姓才会安居乐业，王位才能世代传承。武王看了这篇文章，深受触动，从此不再沉迷玩乐，专心处理国家大事。

作为顾命大臣，他勇挑分陕而治的重担。

周武王死后，其子诵即位，年仅13岁，是为周成王。成王年幼，由周公旦和召公奭两人共同辅政。他们以陕（今河南省陕县张汴原）为界，分陕而治。

召公奭主政陕原以西期间，为官清廉，勤政爱民。他经常不辞辛苦，下乡巡视，了解百姓疾苦。凡是遇见民间诉讼，他都明察秋毫，秉公决断。

作为公爵，他甘洒甘棠遗爱。

有一年的夏天，旱灾严重，召公奭来到采邑之地召亭察看庄稼。他不愿打扰百姓，就在野外的甘棠树下，搭了一个草棚住下。当地官员见此情景，赶紧让百姓腾出房屋，召公奭制止道："不劳我一人，而劳百姓，这不是仁政。"

在酷热的天气里，召公奭就在甘棠树下休息。他们以树上的果子解渴充饥。他告诫地方官吏，这甘棠树长得郁郁葱葱，果实酸甜可口，百姓劳作累了，在此处可以歇息解渴，一定要让大家好好保护它。百姓们听说这件事后，纷纷称赞召公体恤民情、为民着想，于是编成歌谣《甘棠》，广为传颂。

太公望平易近人

太公望（姜太公）被称为"兵家鼻祖"，他先是辅佐周武王伐纣，然后再辅佐周公旦平定三监之乱，进而东征东夷将周朝版图延伸到沿海一带。

太公望的武功可谓是极高，而且文治也不含糊，"平易近人"最早就是形容太公望治理齐国的，原作"平易近民"，后来由于为了避讳唐太宗李世民，就改为"平易近人"。这里说的"平易近人"不是我们现在所理解的"平易近人"：对人和蔼可亲，温柔善良；而是要因地制宜，懂得变通，为民办实事。

殷商灭亡后，周武王将东夷人生活的营丘一带封赏给太公望，是为齐国。太公望就任齐国国君后，他常常深入民间，了解当地的风俗习惯，了解百姓的生产生活状况。太公望非常尊重东夷人的生活习俗，为让东夷人能普遍接受而又简化了周礼，采用"因其俗，简其礼"的开明政策。当时，齐地邻近大海，海产商业也比较发达。太公望考察后认为，百姓种植农业后还有大量的闲余时间。于是，他提出百姓在保证农业生产不受影响的情况下，可以积极发展商业的策略。这样一来，齐国在太公望的治理下生产水平日益提高，生活也日益富足。老百姓非常爱戴他。

太公望的这种治国智慧至今都是我国政府的行政准则，令人惊叹3000多年前的古人智慧的伟大之处。

召穆公藏匿太子

召穆公，姬姓召氏，名虎，召邑（今陕西省岐山县）人，召公奭次子的后代，世袭召公。

当时周厉王暴虐，召穆公多次劝谏周厉王不要施加重税，不要忽视民怨，不要堵塞民众的言路，周厉王从不听从。

周厉王三十七年（前842年），国人因不满周厉王的暴政，镐京（今陕西省西安市）的国人集结起来，手持武器围攻王宫，要杀死周厉王。周厉王逃离镐京，沿渭水一直逃到彘（今山西省霍州市）。

国人攻进王宫，没有找到周厉王，转而寻找太子静。召穆公将太子静藏了起来，国人围住召穆公家，要求召穆公交出太子。召穆公说："先前我多次劝谏君王，君王不听，以至于遭到这样的灾难。如果现在太子被人杀了，君王会认为我是因为愤怒而杀死太子吧？身为人臣，即使遇到危险也不该怨恨；即使怨恨也不该发怒，更何况侍奉天子呢？"召穆公叫来自己的儿子代替太子静出外应对国人，国人便杀死了召穆公的儿子，太子静得以脱离危难。

周厉王死后，太子静即位，为周宣王。召穆公与周定公辅佐周宣王，史称"周召共和"。在方叔伐楚之后，召穆公率军征伐淮夷，开辟疆土，为宣王中兴做出了巨大贡献。

子罕以廉为宝

乐喜，子姓、乐氏、名喜，字子罕。他是春秋时期著名的宋国贤臣。他一生清正廉洁，深受人们爱戴。

一天，有一个人得到了一块宝玉，请人鉴定后想献给子罕，子罕拒不接受。子罕对献宝的人说："您以宝石为宝，而我以不贪为宝。如果我接受了您的玉，那我们俩就都失去了自己的宝物。倒不如我们各有其宝呢！"

清廉是自身平安幸福的"保护神"。古今中外，因贪人之宝最后落下牢狱之灾，甚至是失去生命的例子还少吗？历史的车轮驶到今天，一个又一个大老虎的轰然倒下，我想他们在狱中定也是有无限的悔恨吧，但回首看看他们走过的路，哪一个不是"贪"字害的？因而，"临官莫如平，临财莫如廉。廉平之守，不可攻也。"意思是说：面临着做官，没有什么比公平公正更得民心；面临着钱财，没有什么比廉洁不贪更为可贵。一个人如果拥有廉洁公平的操守，就可以经受各种考验，立于不败之地。

以廉为宝应作为当今每一位领导者的座右铭。

公仪休不收鱼

公仪休，是春秋时鲁国的博士。由于才学优异做了鲁国国相。他为官期间，严格遵奉法度，按原则制度行事，丝毫不改变规制，因此当朝官员的品行都很端正。

公仪休担任鲁国国相时，他命令当官的人不许和百姓争夺利益，做大官的不许占小便宜。有一次，一位客人给国相公仪休送了一筐鱼，公仪休不肯收纳。客人说："听说您极爱吃鱼才送鱼来，为什么不接受呢？"公仪休回答说："正因为我很爱吃鱼，才不能接受啊。现在我做国相，自己还买得起鱼吃；如果因为今天收下你的鱼而被免官，今后谁还肯给我送鱼？所以我决不能收你送的鱼。"送鱼的人听后很是感动。

公仪休因为廉洁成了当时官员的榜样，不收人鱼的故事也流传后世。

晏婴不受千金裘

春秋齐景公时，齐国的良相晏婴品德高尚，一生崇尚节俭，深受人们景仰。

晏婴生活很是清苦。他和家人平日里食用的总是粗糙的饭食，从不吃大鱼大肉；他们穿着的也是粗布衣裳，从不奢求穿着绫罗绸缎。当时，晏婴自己有一件狐狸皮做的大衣，一直穿了三十多年。由于破烂处用粗布缝补而常常遭到别人的讥笑。晏婴从不为此而感到羞耻，总是对别人的嘲笑一笑了之。齐景公知道这件事后，在百官面前称赞他勤政廉洁，并当朝赐给他一件昂贵的、新的狐狸皮制作的大衣，以示表彰，可晏婴说什么也不接受。从此，百官再也不嘲笑他了。

清廉，是人品的展示，愿我们当今的官员多干实事，少追求奢华的享受。

季文子忠贞守节

季文子在中国历史上是一个出名的贤相。他在鲁国执国政33年，辅佐鲁宣公、鲁成公、鲁襄公三代君主。他一心安社稷，忠贞守节，克勤于邦，克俭于家。

季文子身居位高权重的鲁国上卿大夫，掌握国政和统兵之权，有自己的田邑，但是他的妻子儿女却没有一个人穿绸缎衣裳；他家里的马匹，只喂青草不喂粟米。孟献子的儿子仲孙很瞧不起季文子这种做法，于是就问季文子："你身为鲁国之正卿大夫，可是你的妻子不穿丝绸衣服，你的马匹不用粟米饲养。难道你不怕国中百官耻笑你吝啬吗？难道你不顾及与诸侯交往时会影响鲁国的声誉吗？"季文子回答："我当然也愿意穿绸衣、骑良马，可是，我看到国内老百姓吃粗粮穿破衣的还很多，我不能让全国父老姐妹粗饭破衣，而我家里的妻子儿女却过分讲究衣着饮食。我只听说人们具有高尚品德才是国家最大的荣誉，没听说过炫耀自己的美妾良马会给国家争光。"

孟献子闻知，怒而将儿子仲孙幽禁了7天。受到管教的仲孙，改过前非，亦仿而学之。消息不胫而走，在季文子的倡导下，鲁国朝野出现了俭朴的风气，并为后世所传颂。

孙叔敖狐丘之诫

孙叔敖（前630—前593年），姓芈，名敖，字叔敖，春秋时期杰出的政治家、军事家、楚国名相。他辅佐楚庄王治水有功、治军有方、治国有道，使楚庄王成为"春秋五霸"之一。他身居高位而清贫一生，去世后妻子儿女难以过上温饱生活。他是我国古代清官廉吏的典范，被司马迁誉为"中华第一循吏"。

孙叔敖为使百姓富足、国家强盛，在发展社会经济方面做出了贡献。他亲自调查淮水流域水患情况，并主持兴修了著名的芍陂水利工程。他重视农业、牧业和渔业的发展，劝导百姓利用秋冬农闲季节上山采伐竹木，春夏多水季节通过河道运出去卖掉，使资源得到合理利用，也利于国家富足和百姓生活的改善。在他的辅佐下，楚庄王带领楚国很快强大起来，最终成为春秋时期称霸一方的诸侯。

孙叔敖品德高尚，清正廉明。他在楚国任职期间，三起三落，三次担任令尹（春秋战国时期楚国最高官衔，相当于宰相）。当升迁或恢复职位时，他从不沾沾自喜；当失去职位时，他从不悔恨叹息。孙叔敖作为一人之下，万人之上的令尹，生活简朴，妻子从来不穿绸缎等服装，坐骑从不吃上等饲料，出行轻车简从，乘坐的是竹木做的破车子，驾车的马也是瘦弱不堪的母马。孙叔敖布衣粗食，平常吃烙饼和菜汤。楚国是鱼米之乡，作为楚国最高长官，孙叔敖想吃点鲜鱼是非常容易的事，但他却简朴的只吃咸鱼干。据《史记·滑稽列传》载，孙叔敖去世不久，他的儿子竟然穷困到"无立锥之地，贫困负薪以自饮食"的地步，后来优孟劝谏楚庄王，孙叔敖的儿子才得到优待。这足见孙叔敖生前两袖清风，死后一贫如洗，大公无私、廉洁自律风范。

相传有一次，有位叫狐丘丈人的老人对孙叔敖说："做官有'三怨'，您知道吗？"孙叔敖说："不知道，请您告诉我吧！"狐丘丈人回答说："这'三怨'是：爵位太高就会招人妒忌、官职太高就会使君主憎恶、俸禄太厚就会遭人怨恨。"孙叔敖听后拜了三拜说："感谢您的教诲，为了避免'三怨'，我有'三方'，即克制欲望，谦虚谨慎，广施恩惠，这样就能避免'三怨'的灾祸吧！"狐丘丈人听后微笑而去。这个典故就是"狐丘之诫"，即要求为政者做人以德为本，为官以廉为先，以"三方"免除"三怨"。

孙叔敖对"为官三怨"的解释，表现了他独特的为官之道，也给后人树立了为官清廉正直的典范。在今天，值得我们深思、学习和借鉴。

第五章 清廉做人

　　清廉做人是古人对周代圣贤廉政思想的一种传承和弘扬。"做人清廉自守，做官廉洁奉公"是历代贤哲为官从政、做人处世的基本准则。要做到清廉做人，就必须以廉洁自律、公平公正、诚实守信为基本准则，树立正确的人生观、价值观和道德观，做到不受利益的诱惑和诱导，不因私废公、损公肥私、以权谋私。

　　本章选取了西汉至今27个勤廉做人的名人故事，反映了不同时代、不同职业的人们用实际行动对周代圣贤廉政思想的传承、弘扬和践行，他们发展丰富了廉政思想的内涵和外延，对当今时代具有重要的借鉴价值和现实意义。

汉文帝退还千里马

汉文帝在位的时候，一次，有人向他进献一匹可以日行千里、飞驰如电的千里马，汉文帝看到这样漂亮的千里马，十分喜爱。但是他说："我在出行的时候，有仪仗队的旗子在前面引导，后边又跟着负责保卫的武士车队。即使是出去巡视的时候，也不过一天走五十里就停下来；出征行军，一天也不过走三十里就停下来了。我骑着这样的千里马，独自一人跑在前面，要往哪儿跑呢？"于是下诏令，拒绝接受这匹宝贵的千里马。

这道诏书被誉为中国历史上倡廉第一诏，在历代王朝中，官场廉洁之风的兴衰是江山能否稳固的至关重要因素之一。故钱时在《两汉笔记》中又赞："人主之好恶，风俗之枢机也。文帝始即位而却千里马，天下闻之，孰敢有不正伺吾便者哉。"

汉文帝刘恒以自己的实际行动引领社会风气，昭示廉洁于天下。他开创的文景之治使汉代社会风气大为好转，经济迅速发展，出现了稳定富裕国泰民安的盛世。

一钱太守刘宠

刘宠，字祖荣，东汉时期牟平人。刘宠曾因"明经"被推荐为孝廉，出任济南郡东平陵县令，实施了仁德惠民的政策，深受老百姓爱戴。后升任豫章、会稽太守。

刘宠在会稽郡时，勤政爱民，去除了烦苛的政令，禁察官吏的非法行为，政绩十分突出。后来，刘宠得到朝廷重用，提升到京城做官。刘宠准备离开会稽郡赶往京城时，山阴县（会稽郡的首县，即今浙江省绍兴市）有五六位白发苍苍的老人，特意从遥远的乡下来给他送行。老人们每人带了百文钱想要赠送给刘宠，刘宠怎么也不肯接受。老人们三番五次央求刘宠无论如何也要收下他们的心意，碍于老人们的诚意，刘宠只是从许多钱中挑选了一枚最大的留了下来。因此，后人称他为"一钱太守"。

悬鱼太守羊续

东汉时期，有一人叫羊续，出任河南南阳郡太守。

那时候，当地社会风气庸俗、奢侈。官府请客送礼，托门子办事的现象很严重，羊续决心从自身做起，扭转这种坏风气。

有一天，郡丞送来一条大鱼，他除了夸赞鱼味鲜美，还申明鱼是自己打捞的，并未花钱。羊续再三谢绝，郡丞还是不肯收回，就只好先把鱼留下了。

羊续并未把鱼送进厨房，而是悬挂在房檐下面，表示自己绝不吃这条送来的鱼。过了几天，郡丞又拎来一条更大的鱼。羊续正色道："你是本郡地位仅次于太守的官员，怎么能带这个头呢？"不待郡丞辩解，羊续把他带到厨房前，让他看上次送的那条已经焦干了的鱼还挂在房檐下。

事情传开，百姓们都赞扬羊续，称他为"悬鱼太守"。后来，送礼托门子的歪风邪气也有所扭转。

诸葛亮《自表后主》

诸葛亮（181—234年），字孔明，号卧龙，徐州琅琊阳都（今山东省临沂市沂南县）人，三国时期蜀汉丞相，杰出的政治家、军事家、散文家、发明家。他写的《自表后主》是我国历史上第一份高级官员的财产申报书。

诸葛亮在蜀汉丞相这个位置上一干就是13年，公元234年，诸葛亮不幸在岐山五丈原病逝，后主刘禅准备厚葬诸葛亮。这时，善于弄权的宦官黄皓却蛊惑后主刘禅去抄诸葛亮的家。于是后主刘禅就把诸葛亮写给他的《自表后主》拿出来让黄皓看。《自表后主》里面详细罗列了诸葛亮的财产状况。

> 成都有桑八百株，薄田十五顷，子弟衣食，自有余饶。至于臣在外任，无别调度，随身衣食，悉仰于官，不别治生，以长尺寸。
> 若臣死之日，不使内有余帛，外有赢财，以负陛下。

言下之意就是所有的财产加在一起，不过桑树和薄田，至于他的儿子都是自给自足，自己是没有一点多余的财产。黄皓看完继续蛊惑刘禅道："表中所列的财产清单是作秀给您看。他担任丞相这么多年，家中竟无一点多余的财产？朝中的大臣们大都不信。"刘禅一听，觉得也是那么一回事，于是派黄皓和大臣习隆一起带人去相府清点财产。负责清查家产的人把诸葛亮的家翻了个底朝天。可令这些无耻之人没想到的是，诸葛亮的家产与《自表后主》里写的一模一样，根本就没有任何多余的土地和钱财。黄皓只好将实情告诉了刘禅。刘禅听后也是感慨万千。直到此时，他才确信诸葛亮的《自表后主》中所列财产并非作秀，而是句句属实。

实际上，诸葛亮在这份"财产申报书"上坦诚地说他家在成都有"八百株桑树，十五顷薄田"，他指的是用刘备夺取益州后赐给他的那笔钱财所购置的一份产业，一家人全靠此生活。至于他长期领兵在外，没有多余的开销，随身衣食，都由政府提供，从不搞别的营生，以增加个人收入。

诸葛亮身居相位13年，廉洁奉公，至死不渝，真正做到了在《出师表》中所讲的那样"鞠躬尽瘁，死而后已"，他是廉政的典范。

陆绩廉石压舱

陆绩（188—219年），字公纪，吴郡吴县（今江苏省苏州市）人。在三国时期孙权治下做了多年的郁林（今广西壮族自治区桂平市西）太守。

郁林太守一职也算得上是一个肥缺。历任太守，卸任之时个个满载而归。后来，陆绩卸任，他把全部家当算上还装不满一艘船。艄公见状不无忧虑地说："船装得满，装得重，风浪再大，船也不会轻易移动。但如果装得太少，船就轻了，碰上狂风大浪，就容易翻。您一个郁林太守，一家四口连带所有家当，还不如一介寒士，这样不安全，得往船上增加一些重量。"

陆绩明白艄公话中的意思，只好又去买了两只大缸和一担笋干。他将买来的笋干制作成咸菜装进两只大缸中，然后抬上船放进船舱。即便这样，那船仍是轻飘飘的，吃水太浅。而这时陆绩身上银子已所剩无几，再也无力购买重物压船了。后来，陆绩发现岸上有一块巨大的石头，足有七八百斤重。他了解到这块石头并无主人，便请了几个百姓帮忙把巨石搬上了船。有了这块巨石压舱，船才起了航。

谁知船行了一半路时，遇上了专门拦截官船的水盗。水盗们登船后揭开眼前正在烧菜的锅，看到的仅是些青菜，就啧啧嘴说："你这狗官舍不得吃，舍不得穿，肯定是个大守财奴。"他们满心喜悦地在船上四处搜查，结果却一无所获。当他们揭开舱底看到那块巨石时，一个个惊奇得张大了嘴巴。追问之下，才知那是特地用来压舱的。水盗们对此大发感慨："这样的官船还是头一回见！"那艄公战战兢兢地插话说："陆大人在任上是真正的两袖清风，就是俸银，也常拿去接济百姓!"

从此，陆绩用巨石压舱还乡成为美谈。后来又有些文人墨客感于陆绩的清廉美德，把那块巨石收藏刻字，取名"廉石"，并吟诗赞颂。如今，这块巨大的"廉石"仍安放在苏州文庙的庭院中供人敬仰。

悬丝尚书山涛

山涛（205—283年），字巨源，河内郡怀县（今河南省武陟县）人。三国至西晋时期政治家、文学家、玄学家、名士，"竹林七贤"之一。

山涛早年孤贫，喜好老庄学说，与嵇康、阮籍等交往。40岁时才步入仕途，先后任郡主簿、功曹等职。西晋建立后，历任侍中、吏部尚书、太子少傅、左仆射等职。官居吏部尚书时，山涛已是68岁高龄，可谓大器晚成。山涛一生为官清廉、洁身自好，虽身居要职，却不愿随波逐流，始终坚持自己的原则与信念。

西晋初年，陈郡人袁毅生性贪婪，为了高官厚禄，常常贿赂公卿大臣。袁毅任鬲县县令时，去京城公干，借机大肆贿赂公卿大臣。他送给山涛百斤真丝，这在当时是一份厚礼。山涛不愿接受贿赂，但鉴于当时的官场风气，又不愿因破坏潜规则而得罪同僚。于是，山涛命人将真丝包好，贴上封条，盖上印章，悬挂在楼阁的梁上，并吩咐家人不准动用。后来袁毅恶迹败露，被送到京师受审，凡是接受过他贿赂的人都被检举。办案人员到山涛府上问询，山涛引至楼阁，只见那百斤真丝仍悬挂于梁上，虽已被虫蛀，但上面积满厚厚的灰尘，封条和印章完好无损。山涛清廉自守的美名从此传开，人们送给他一个"悬丝尚书"的雅号。

山涛位列三公，品德高尚，清廉自守，为朝廷选贤举能，深得晋武帝的信任和器重。在他79岁去世后，司徒左长史范晷等上奏晋武帝说："山涛旧宅第仅有屋十间，但子孙众多，容纳不下。"于是，晋武帝下令为山涛的亲属修建住宅。

陶母贤良方正

陶侃（259—334年），晋朝名臣，原家境贫寒，其母知书识礼，甚为贤良。她常以"贤良方正"的思想教育影响陶侃。陶侃也孝敬母亲，遵从母教，发愤读书，正道做人。

汉晋选拔人才有"举孝廉"的制度。陶侃年少时，在会稽太守范逵的举荐下，陶侃开始在浔阳县做了一个主管渔业的小官，谨记母训，兢兢业业、忠于职守、待人和善、颇有人缘。有一次，他的部下见其生活清苦，便从鱼品腌制坊拿来一坛糟鱼给他食用。孝顺的陶侃感念母亲平常好吃糟鱼，便趁同事出差鄱阳之机，顺便捎上这坛糟鱼，并附上告安信。陶母收到信物，甚为陶侃一片孝心高兴。于是随口问送信物之人："这坛糟鱼，在浔阳要花多少钱？"那客人不解其意，直夸耀说："嗨，这坛子糟鱼用得着花钱买？去下面作坊里拿就是，伯母爱吃，下次我再给您多带几坛来。"陶母听罢，心情突然变了，喜去忧来，老人家将糟鱼坛口重新封好，叫客人把鱼带给儿子陶侃，并附上责儿书信。此书信言辞严厉，信中写道："你为官吏，拿公家的东西给我，这不但对我没有好处，反而增加了我的忧虑。"

陶侃看了母亲的教诲，万分愧疚，深感辜负母训。从此以后，陶侃便把母亲的这封信当作长鸣的警钟，严守母训，经常检查自己的为人，时时地严格要求自己，克勤克俭，热心为民，廉洁奉公，守法尽职，成了一位道德高尚、受民拥护的好官吏。

陶侃之所以能成为一个受民拥护的好官吏，陶母的教导起了至关重要的作用。陶母深明大义，严于律己、自觉抵制不正之风，以身教来促使儿子保持廉洁，体现了陶母真正的爱子之心。

陶母退鱼，足以说明一个廉洁奉公的官员是培养出来的，更说明领导干部的家属能否抵制各种不正之风，保持清廉风尚，成为领导干部能否保持廉洁的一个重要因素。

当今，仍有不少领导干部的家属并没有像陶母那样远见卓识，错误地把领导干部的手中权力当成谋取私利的工具，认为理所当然，殊不知，这样做的后果是自毁家庭，自毁家人，是在把家人推向深渊。

陶母退鱼启示我们，当前的廉政建设中，作为领导干部要守住底线，不越红线，在严于律己的同时，也要严格要求自己的亲属不参与政务，不以领导名义敛财，并鼓励家人加强对自己的监督，共筑腐败防线。

房彦谦因官致贫

房彦谦（547—615年），隋朝官员，唐朝名相房玄龄的父亲。他为人很是正直，持有操守，不与有污点的官员同流合污。

房彦谦在任官期间，把所有得到的俸禄统统周济给亲戚朋友们，家里没有剩余的资财。虽然屡次遭受贫困，可是他怡然自得。房彦谦曾经对他的儿子房玄龄说："别人家都是因为做了官可以得到许多俸禄，家里从此富有了，可是我独独因为做了官，家里从此贫穷了。我所遗留下来给子孙们的只有清白两个字。"

房玄龄自幼耳濡目染，颇承其父遗风。后追随唐太宗平定天下，出生入死，备尝创国立业之艰辛。他时刻不忘创业之难，警钟长鸣，力戒骄奢淫逸，以维持国家的长治久安，将父亲的事业得以发扬光大。

魏征家无正厅

魏征（580—643年），唐代初期杰出的政治家，我国古代历史上著名的直言敢谏大臣之一。他辅佐唐太宗共同创建"贞观之治"的大业，他的清廉更是为人敬佩。

公元643年正月的一天，长安城笼罩在一片紧张与不安的气氛之中。唐太宗李世民下了一道命令，停止为自己营造宫殿，用建造宫殿的材料为魏征修建一座房子。这座房子只用了五天时间就盖好了。为什么唐太宗会下这样一道命令呢？原来，当唐太宗去看望病重的魏征时，发现一生清廉节俭的魏征，家里的住宅竟然没有正厅，就下令用给自己修宫殿的建筑材料为魏征盖一个正厅。皇帝用这种方式，表达着自己对一位能臣廉吏的感怀与褒奖。但是，房子刚刚盖好，魏征就去世了。魏征的死，使太宗皇帝感到十分悲痛和惋惜，他亲自前往其家中吊唁，并下令停朝五天以示哀悼。

"家无正厅"，体现的是一代名臣的清廉操守。

包拯公正廉明

包拯（999—1062年），字希仁，庐州合肥（今安徽省合肥市肥东县）人，北宋名臣，历史上有名的清官，民间称其为"包青天"。

仁宗年间，陈州大旱，发生饥荒，户部尚书范仲淹上殿奏本，保举龙图阁大学士兼开封府尹包拯到陈州粜米济赈。

原先朝廷已派了两个官员去陈州办理济赈事宜。这两个人都是当朝权贵刘衙内的亲属，一个是他的儿子，一个是他的女婿。他俩在陈州贪赃枉法，鱼肉饥民，还打死了饥民李大胆，搞得陈州怨声载道，民不聊生。所以范仲淹要保奏包拯前往陈州查处。

刘衙内素知包拯清正，铁面无私，所以于半夜来访，假惺惺地说道："陈州饥民多亡命之徒，包大人此番出赈，可要当心。"他的本意是想吓退包拯，不去陈州。包拯严正答道："为国效劳，为民解难，乃我辈本分，何惧之有？"刘衙内见劝阻无效，便改口说情："包大人此去陈州，望对我的儿子、女婿有个照应。"包拯答道："这个我心中有数，感谢你今天来向我传递消息，将来有什么事情，我也会派人向你传递消息，以作回报。"当场送客。刘衙内虽然没得到包拯什么确切保证，但总算能随时得知陈州消息，倘有不测，还有回旋余地，便称谢告辞。

包拯带了差役王朝赶往陈州，将近陈州地面时，包拯易服先行，吩咐王朝随后赶来。包拯一副乡民打扮，混入饥民之中，来到衙门购买赈米。只见刘衙内子婿两人高踞公案之后，督促差役粜米。名为粜米，实为盘剥。他们在米中掺入大量泥沙，提高价格，克扣斤两，使饥民不堪其苦，稍有微词，便棍棒相加。包拯实在看不下去，高声喊道："身为朝廷命官，竟敢如此荼毒百姓，天理何存？"刘衙内的子婿见一个黑脸饥民敢当众揭短，不由气怒万分，喝道："住口，先前有个李大胆，今天又来了黑大头，我让你们一样下场。"吩咐差役将包拯吊在树上。

正在这时，手持金牌、背插宝剑的王朝赶到，看见大树上正吊着包拯，忙跪步上前，亲手松绑，两个贪官这才知道"黑大头"原来就是铁面无私的包大人，忙上前恭请包拯坐上公案。包拯一拍惊堂木喝道，"尔等贪赃枉法，荼毒饥民，我不但亲眼看见，而且亲身经历，还有何话可说！"两贪官连连谢罪认错。"既然知罪，即写下伏罪状来！"两贪官当即写了伏罪状，并签字画押。

在场饥民见包拯如此清正，声声齐喊："包青天！"

包拯公正执法、立朝刚毅，不附权贵，铁面无私，且英明决断，敢于替百姓申不平，故有"包青天"及"包公"之名，京师有"关节不到，有阎罗包老"之语。

苏轼深得民心

苏东坡（1037—1101年），名轼，号东坡居士，北宋眉山（今四川省眉山市）人。著名文学家，唐宋八大家之一。他曾历任数州地方行政长官（知州），办过许多惠民工程，如兴修水利、平抑物价、美化环境等项，因此深得民心，被誉为"百姓之友"。后来，徐州还建起了"仰苏堂"。

苏东坡被贬黄州时，不因自己无权而无所作为，而是坚持做有益于民的好事。当他了解到百姓因赋税繁重养不起儿女而溺婴，特别是遗弃女婴时，他建议官府"收养弃儿"（《与朱鄂州书》），同时着手筹备成立了民间组织，一年内救活婴儿一百余人。

苏东坡晚年又被贬惠州，他看见惠州百姓过湖打柴耕作很不方便时，便与惠州知州詹范商量后，亲自带领当地百姓筑起了又一道"苏堤"。

苏东坡从惠州再一次被贬海南儋州时，已是一位无居所无粮吃的老头。日渐消瘦的他，瞧着儋耳乡民多取塘沟积水饮用，往往致病而死的境况后，苏东坡就拄着竹杖，动员黎族同胞同他一起试验打井。申请不到砖石，他就把准备冬天买粮的钱挪了出来，从琼州府城雇请两名"巧匠"，依照他的勘测指点，终于打出了深井。从此，百井俱咸的黎寨，逐渐都有了干净水吃。黎族同胞事后都赞颂他："东坡翁真神人也！"

晚年的苏东坡常以"黄、惠、儋"三州"功业"为荣，这是因为他是在有职无权，形同流放，同百姓打成一片时作出的奉献，所以弥足珍贵，且值得永久怀念。

况钟清廉守洁

况钟（1383—1443年），宜春市靖安县龙冈洲（今江西省宜春市靖安县高湖镇崖口村）人，明代著名清官。被誉为"况青天"，与包拯"包青天"、海瑞"海青天"并称中国古代的"三大青天"。

常言道："上有天堂，下有苏杭。"况钟虽为官于富庶之地，却能廉洁自律，一尘不染。他官至正三品苏州知府，但却身居简室，家中陈设十分简陋；平素用膳就是一荤一素；即使是与亲朋好友相聚时，也不过是加几杯酒，青灯夜话而已。他在府衙内置一房，起名为"退思斋"，意思是反思施政得失、检讨为人修养。房内照壁的一副对联"收一文不值一文，行一善民受一善"，正是他的座右铭。

在明朝，地方官进京一般都要带很多金银珍宝以送势宦权贵。况钟任苏州知府届满赴京考绩时，下属官员们念他一贯为官清廉，值此进京之际，为他筹备些礼物，以供打点所用。但况钟却不带一镏一铢，并挥毫赋诗相拒："清风两袖去朝天，不带江南一寸棉。惭愧士民相饯送，马前洒泪注如泉。"

况钟不仅自己清廉守洁，对家人的要求也极为严苛，他的子女都能谨守父亲清白为人的要求。况钟的大儿子况宁每年都会从江西靖安老家到苏州省亲，起初有一些喜欢逢迎拍马之人想送礼物讨好他，为表明心意以绝后患，他在家门口贴出一张告示，严词拒绝钱财贿赂。

况钟一生清廉，为官近30年而家中未增添任何田产，也没有给后代积累什么钱财，却留下了宝贵的精神财富。他在《勉子侄诗》中告诫子孙："膏腴竟作儿孙累，珠玉还为妻女瑕。师俭古箴传肖者，取之不竭用无涯。"他在《示诸子诗》中说自己"虽无经济才，沿守清白节"，即使才能平庸没有经世致用之才，也要坚守清白高尚的节操，并告诫后代

"非财不可取，勤俭用无竭"。以诗言志，反映出他勤俭务实、尚德修身的治家理念。

正统七年（1443年）冬，况钟卒于苏州任所，终年60岁。为他送葬时苏州城内"郡民罢市，如泣私亲，其奔程路祭者，络不断绝"。他的灵柩从运河运回靖安故里时，十里苏堤之上站满了祭送哭奠的人。运载况钟灵柩的船中，"惟书籍，服用器物而已，别无所有"。他生前俭省，死后薄葬。十年浩劫时，况钟的坟墓被挖掘，结果发现墓内除随身几件衣服和一根发簪外，一无所有。

"有明一代，一人而已。"这是《明史》给况钟的至高评语。著名的清官海瑞由衷地敬赞况钟"胜作十年救时宰相"。

于谦两袖清风

于谦（1398—1457年），浙江杭州钱塘县（今浙江省杭州市上城区）人。明朝名臣，既是一位名留千古的大诗人，更是明代有名的廉洁官员、民族英雄。

于谦30多岁时走入官场，彼时的官场风气混乱，大宦官王振把持朝政，在官场上作威作福收受贿赂。官员们想要见王振一面不仅要排队，还需要准备丰厚的"见面礼"——至少需要白银百两。于谦回京述职之时，却两手空空而来。同行有人劝他，既不送金银财宝，最起码也准备些地方特产来。于谦却潇洒一笑：我这两袖中自有清风，这便是我带的见面礼。

回去后于谦作诗严明志向"两袖清风朝天去，免得闾阎话短长"。——朝见天子我也两袖清风，不拿民脂民膏来贿赂当朝。凭着这种不趋炎附势、不随波逐流的品质，于谦的行为得到了老百姓们的一致称赞。但却惹恼了太监王振，王振将他诬告入狱。河南、山西的老百姓、官员、藩王纷纷为其上书鸣冤，最终阻止了王振陷害忠良，于谦被官复原职。

清明廉政的好官永远被老百姓爱戴，于谦高洁的品质也随着他的诗句"粉身碎骨浑不怕，要留清白在人间"及成语"两袖清风"永垂不朽。

李汰黄金难换贫

李汰（1448—1520年），明代进士，湖北省浠水县六神港人。他一生为官清廉，享有"江南第一清官"之誉。

1486年，李汰中举，被授为江西永新训导，后因政绩突出，升任浙江义乌教谕，负责编修《义乌志》。李汰为官一向清廉，加上编纂是个苦差事，日子异常窘迫。后来当地府僚向他馈赠了白银三百两，希望他能改善一下自己的日常生活，但李汰却将其全部用于当地学校的修缮，因此清正的名声越来越大。

有一年，李汰任朝廷主考官，在福建主持科举考试。临近考试前的某一天夜里，李汰正在读书，有人找到了他的住所前来求见。只见一名考生左顾右盼地走进来，见没有人在场，马上从怀中取出一包东西，双手捧到李汰跟前，急切地说："大人，这是黄金十两，请收下。"李汰面有怒色，低声斥责："请收回，我不需要你的钱！"那考生怎肯罢休，硬把东西朝李汰手中塞："学生翰墨未精，疏漏必多，望老大人一定照应，得中之后，另有厚报！"李汰听了考生的话，面呈愠怒之色，呵斥道："老夫幼学孔孟之道，为人以仁，为行以礼，岂是能以黄金玷污的！"那人愣了一下，低声说："真是迂腐。"李汰轻蔑地一笑，并当场挥毫题诗一首，悬挂于科场门口："义利源头识颇真，黄金难换腐儒贫。莫言暮夜无知者，怕塞乾坤有鬼神！"

直到这时，行贿考生才知道行贿李汰绝无可能，他又怕又羞，揣起黄金拔腿跑开。从此，李汰清廉的美名不胫而走，被誉为"江南第一清官"。

杨武廉洁自守

杨武（1464—1532年），人称"杨公"，陕西省岐山县人。杨武受周礼的熏陶，祖训的影响，从小就夙兴夜寐、敏而好学，精通诗文。

明弘治九年（1496年），杨武考中进士，出任山东淄川（今山东省淄博市）知县，成为一名"父母官"。到任后，杨武用周礼文化典故重塑淄博，坚固城防；在知县之位，鞭打石头，屡破悬案，惩恶扬善、扶弱济贫，很快得到了当地老百姓的拥护。他继而兴办学校、督促耕种，并利用淄河修渠灌田，促进了地方文化、经济的发展。

杨武升迁为监察御史后，为了监督百官、维护皇权，他疾恶如仇、正直无私、廉洁自重。明正德初年，杨武管理顺天（今北京地区）诸郡县，正值大宦官刘瑾专擅朝政。刘瑾为了提拔顺天境内一名亲信，让杨武向皇帝推荐该亲信，杨武果断拒绝，反而推荐了有德有才的功臣大将。这件事让杨武威名远播，皇帝大加赞美，升任杨武为大理寺左寺丞。

有一年，杨武在勘视山西大同边防事务时，发现当地屯田不均、军役耗损过大。最后，他抽丝剥茧、查清事实，弹劾了相关官员。

由于功绩卓著，杨武被越级擢拔为左佥都御史。在"监察官"的任上，杨武为人正直、刚正不阿、铁面无私，深受朝廷赏识，备受百姓称赞。

海瑞清廉俭朴

海瑞（1514—1587年），海南琼山（今海南省海口市）人，明朝著名清官。

海瑞出身低微，嘉靖二十八年（1549年）参加乡试中举，初任福建南平教谕，后升浙江淳安和江西兴国知县。他做了知县后，吃穿用度在官员中显得非常朴素。平日里，他处理完公务，还要亲自种植蔬菜。日常生活中从不吃肉，只有在为老母过寿时才买两斤肉，生活清贫可见一斑。

海瑞并不因生活清贫而不好好作为。在从政期间，他推行清丈、平赋税，并多次平反冤假错案。他打击豪强，疏浚河道，修筑水利工程，力主严惩贪官污吏，禁止徇私受贿，并推行一条鞭法，强令贪官污吏退田还民。他在州判官、户部主事、兵部主事、尚宝丞、两京左右通政、右佥都御史等任上都能做到不与百姓争利，洁身自好，深得民心。

海瑞为官期间，生活简朴，却时刻关注国计民生，尽自己能做的去做，从不考虑自己的得失，只求心安。遂有"海青天"之誉。

第一廉吏于成龙

于成龙，山西永宁州（今山西省吕梁市）人，清初名臣。

于成龙在广西罗城县做知县时，和老百姓"如同家人，亲如父子"。他鼓励百姓垦荒种田，招集流民安居乐业。经过七年的努力，这个县的情况大有改观。

因为于成龙做出了政绩，被升任为知州。当他离任时，百姓痛哭流涕，拦住马头不让他走。于成龙对着送别的百姓说："朝廷任命我到别处为官，我怎么能抗旨不走呢？"于是百姓散开让出道路，跪在路旁痛哭失声。有一个瞎子仍然不肯离开，跟在于成龙的后头。于成龙问他为何不走，瞎子说："于大人您为官清廉刚正，没有捞一文钱的好处，而自己的饷银又多周济了穷苦百姓，平时都是一日两餐吃青菜喝稀粥，如今离开罗城县上任走到半路没有钱吃饭怎么办？我是个瞎子，别的帮不了你什么忙，但是我会算命，你没有饭吃的时候我就给人算命，得来点算命钱，咱们就解决饭钱的问题了。"于成龙很感动，说那你就跟着我走吧。果然走到半路上，于成龙就没有饭钱了。这个瞎子就给别人算命，得的点算命钱，解决了途中的吃饭问题。

后来，于成龙官至两江总督，身为封疆大吏、一品大员，他依然粗茶淡饭，以青菜度日，江南百姓称他为"于青菜"。

于成龙二十余年的宦海生涯，廉洁奉公，政绩卓越，深受百姓爱戴，被康熙帝赞誉为"天下廉吏第一"。

郑板桥公正判案

郑板桥（1693—1765年），原名郑燮，字克柔，号板桥，清代书画家、文学家，"扬州八怪"之一。

郑板桥在范县、潍县做七品县令时，告诫自己要淡化当官心理，清清正正做人、实实在在地为百姓干点实事。从而获得"有政声""有惠政"的美誉。"些小吾曹州县吏，一枝一叶总关情。"这是他一生心系百姓、清廉为官的生动写照。

作为县官，有一项重要职能就是判案，郑板桥知道十户之乡，官民之间的隔阂总是有的，他唯恐办事不公，为民之累。有一次，有甲乙两农夫因斗牛事起诉至官府，其中一牛已被戳死。甲要乙赔牛，乙说两牛斗，并非主人过失。郑板桥判了8个字"活牛共使，死牛共剥"。甲乙都满意，里人也称颂。还有一次，兴化一农夫，装了一船茨菇到范县卖售，菜霸欺行霸市，说茨菇上有泥，硬要杀价。农夫无奈，求到官府。郑板桥是兴化人，如因此徇私，将使范县人不安，但菜霸欺负人，又不能不管。他思索片刻，赶到茨菇船前，对着茨菇连忙下拜。菜霸慌了，问老爷为何如此，板桥说，见家乡之土，不得不拜。菜霸不好意思再杀价了，于是做成了一笔公平交易。郑板桥凭借机智聪明做到了公正判案。

仵墉清廉为官

仵墉（1870—1947年），陕西省蒲城县人。清末进士。清末及民国年间，历任直隶（今河北）省乐亭、祁州（今安国）、安州（今安新）、沧州（今沧县）、滦州（今滦县）、临榆（今属秦皇岛市）、长垣（今属河南省）、昌黎、饶阳、赵县、霸县等地知县、知州、知事、县长达28年之久。

仵墉做地方官时，经常身穿布衣下乡，私访调查，审清了许多案件，平反了不少冤狱，很受当地民众拥戴。一次，他又只身下乡私访。天黑后，发现有人紧紧跟踪，便停步询问。跟踪者是当地的一位农民，回答说："我认识知县大人。知县大人为我们百姓办事，黑夜单身下乡，怕不安全，我特来保护你老人家。"

仵墉在任长垣县长时，他大刀阔斧，革除弊政，使全县人民安居乐业。随后，他调任河北沧州。仵墉在沧州任知州时，遇到大水灾，田禾被淹没，农民无力缴纳田赋。而秋后上司催索，急如星火。他卖掉在京城的房产，给百姓垫出田赋。1923年，长垣各界竟然联名要求他重新担任长垣县长。仵墉第二次到达长垣后，很快使长垣恢复了昔日的繁荣，百姓对他的歌颂之声传遍了河北大地。

1929年，蒲城大旱，仵壎听说后，立刻拿出一年的薪俸500元寄回老家，赈济故乡饥民。家乡人民为表达感激之情，特意在他的家乡贤坡村立了"德行碑"。

他一心为民的精神，不仅得到了为官时当地人民的认可，也得到了家乡人民的赞誉。

黄荣饿肚送大洋

黄荣，1911年生于广西巴马县西山乡。2012年9月6日，黄荣走过了102岁的生命历程，这位百岁老红军，这位有83年党龄、84年革命生涯的老共产党人，无论何时都以身作则，始终保持共产党员政治本色，其廉洁故事至今广为流传。

1929年11月，百色起义前夕，凤山县苏维埃主席黄松坚奉命筹集百色起义经费，经多方奔走，共筹得五百块大洋。

为了及时把筹得的大洋送往百色交给筹备百色起义的领导人张云逸，黄松坚把这项重大任务交给时任凤山县农军常备连指导员黄荣和中共盘阳区委书记李献林。

黄松坚只交给黄荣、李献林五百块大洋，装在黄松坚妻子黄扬秀缝制的如弹夹带一样的袋子里，绑在腰身上，再穿上冬衣，看不出身上有什么东西。除了五百块大洋，没有多余的钱给他们两人作路上伙食支用。

当夜，黄荣和李献林化装成英国传教士助理和保镖模样，冒着风雨严寒从凤山县城出发，刚出县城，就被内奸发现，遭到民团追杀，黄荣二人窜丛林，穿草丛，躲过枪林弹雨，爬上凤城坳，避过了凤山民团的黑夜追杀。

他们着急赶路，次日黎明，来到了兴仁坳。兴仁坳地势狭小，具有一人当关，万夫莫开的险状，周边都是原始丛林，经常有虎狼出没，土匪拦劫，黄荣、李献林刚爬上坳口，就被土匪拦住了。

"什么人？站住。想活命的留下过路钱，否则把命留在这里。"土匪头目狠狠地发话。

黄荣主动打开藤制箱子，拿出建英国传教士教堂的假图纸和罗盘，以英国传教士助理的身份应对大字不识的土匪，递给他们几个烧红薯，便安全通过兴仁坳。

次日傍晚，黄荣二人来到盘阳李献林家，匆忙吃了两碗玉米粥充饥，李献林妻子梁青兰煎了几个木薯粑，打包好给他们带上路上吃，二人又冒着严寒上路了。

黄荣、李献林涉水渡过巴马县盘阳河，为了避过民团的封锁，他们绕道过巴定，于深夜时分来到燕乐区的险要坳口车斗坳，这里也是虎狼出没，土匪民团拦劫的重要通道。为不耽误赶路，黄荣二人果断出击，集中火力突击打死围在坳口上烤火的土匪，其余土匪受到惊动后猛力追杀黄荣二人，但黄荣、李献林边跑边还击，跑了十几里后，终于摆脱了土匪的追杀。这时他俩已饿得肚子咕噜咕噜叫了。

第三天，黄荣二人来到田州镇，这里有各种美食，但他们却没有打开大洋袋子的想法，为了继续赶路，他们只能到右江码头去捧几口江水喝，之后又一鼓作气赶往百色去了。深夜，他们来到百色粤东会馆，把五百块大洋和黄松坚写的信交给张云逸军长。

张云逸了解到黄荣、李献林冒着雨雪严寒，从凤山县，跋山涉水躲过土匪的追杀，忍饥挨饿却不动用起义经费的一分一文，将五百块大洋安全送到百色军部后，非常感动，张云逸握着他们的手说："你们舍身为革命，是韦拔群（百色起义领导人之一）教育出来的好农军，有了你们这样的人民，革命一定能取得胜利。"

之后，黄荣、李献林参加了百色起义，成为光荣的红七军战士。

钱学森人品高洁

钱学森（1911—2009年），祖籍浙江省杭州市临安区。著名科学家，空气动力学家，中国载人航天奠基人，"中国航天之父""中国导弹之父"和"火箭之王"。

1934年，钱学森考取清华大学公费留学生，先后获得航空工程硕士学位和航空、数学博士学位。在28岁时就成为世界知名的空气动力学家。尽管在美国有着优厚的工作和生活待遇，然而，功成名就的钱学森却始终关心着祖国的发展。1955年10月，钱学森终于冲破种种阻力回到祖国。回国后，他全身心投入中国火箭和导弹研制的工作中。

1960年，中国的导弹事业才刚刚起步。苏联以为没有他们的帮助，中国人根本就搞不出导弹来。钱学森不信邪，带领大家继续自力更生。那段时间，他一心扑在导弹事业上，三天两头要出差。他在酒泉基地一待就是十天半个月，甚至一个月。而他的行踪严格保密，连妻子蒋英都不知道，一度非常担心"失踪"的他。

钱学森一生中多次捐赠稿费、讲课费和奖金，最大的一笔为100万元。在中国科学技术大学力学系任教时，钱学森为培养祖国的国防科技人才而悉心授教。20世纪50年代末60年代初，计算尺是力学系的同学上课时应该人手一把的工具，但因为价格比较贵，许多同学买不起。钱学森拿出他获得中科院科学奖金一等奖的一万多元钱，让学校教务人员给每位学生配一把计算尺。

回国以后的几十年里，不论是工作，还是休闲，钱学森经常穿着一身简朴的蓝色卡其上装和军便裤，而从美国带回来的西装则送给了身边的工作人员。直到20世纪80年代，钱学森受组织委派赴外访问，才临时定做了一身中山装。

钱学森长期担任火箭导弹和航天器研制的技术领导职务，以他在总体、计算机、质量控制和科技管理等领域的丰富知识，对中国火箭、导弹和航天事业的发展作出了重大贡献，赢得了"中国航天之父"的美誉。

他主持完成了"喷气和火箭技术的建立"规划，参与了近程导弹、中近程导弹和中国第一颗人造地球卫星的研制，直接领导了用中近程导弹运载原子弹的"两弹结合"试验，参与制订了中国第一个星际航空的发展规划，发展建立了工程控制论和系统学等。

钱学森是举世公认的人类航天科技的重要开创者和主要奠基人之一，是工程控制论的创始人，是20世纪应用数学和应用力学领域的领袖人物，被称为中国近代力学和系统工程理论与应用研究的奠基人。他在空气动力学、航空工程等技术科学领域作出了开创性贡献。钱学森是中国科学院院士、中国工程院院士，被国务院、中央军委授予"国家杰出贡献科学家"荣誉称号，获中共中央、国务院、中央军委颁发的"两弹一星"功勋奖章。

在毕生实践着科学报国信念的奋斗历程中，钱学森淡泊名利，人品高洁，充分展现出一位科学大师的高尚风范。他说："我作为一名中国的科技工作者，活着的目的就是要为人民服务。如果人民最后对我一生所做的工作表示满意的话，那才是对我最高的奖赏。"

程开甲无私奉献

程开甲（1918—2018年），中共党员、九三学社社员。中国科学院院士，著名理论物理学家、"两弹一星"功勋奖章获得者，2013年国家最高科学技术奖获得者，我国核武器事业的开拓者之一，中国核试验科学技术体系的创建者之一。

中学时代，程开甲就广泛阅读了许多世界著名科学家的传记，萌发了要当科学家的想法，并把追求真理的科学家作为人生榜样。

1937年，程开甲考上浙江大学。1941年毕业留浙江大学物理系任助教，并从事相对论和基本粒子的研究，完成了多项重要研究。1946年8月，程开甲抱着"科学救国"的思想赴英国爱丁堡大学留学。其间，程开甲主要从事超导电性双带理论的研究。1948年秋，程开甲获哲学博士学位，任英国皇家化学工业研究所研究员。

1950年8月，程开甲婉拒导师挽留，毅然回到当时一穷二白的祖国，先后任教浙江大学、南京大学10年，其间撰写了我国第一部《固体物理学》。

1960年，程开甲被一纸命令抽调至北京，加入中国核武器研究队伍，受命牵头起草了中国首次核试验总体技术方案。从此，他隐姓埋名，在学术界销声匿迹20多年。三年后，程开甲第一次来到罗布泊。自此，他在这片"死亡之海"潜心开始中国核武器研究和核试验事业。每次核试验任务，程开甲都会到最艰苦、最危险的一线去检查指导技术工作，多次进入地下核试验爆后现场，爬进测试廊道、测试间，甚至最危险的爆心。1964年10月16日，东方一声巨响，罗布泊升起的蘑菇云震惊世界。之后他还设计主持了氢弹，导弹核武器、平洞、竖井和增强型原子弹在内的几十次试验，被称为中国"核司令"。虽然在参加核武器研究的20多年时间里隐姓埋名，但他经常说，这辈子最大的幸福，就是自己所做的一切都和祖国紧紧地联系在一起。程开甲在坚守中展现了为科学奉献的淡定与从容精神。他为中国核武器研究和核试验事业，倾注了全部心血和才智。

2019年，新中国成立70周年之际，这位"两弹一星"元勋被授予"人民科学家"国家荣誉称号。为祖国作出重大贡献的科学家，祖国和人民是不会忘记的。"科学技术研究，创新探索未知，坚韧不拔耕耘，勇于攀登高峰，无私奉献精神。"这是程开甲院士曾经写下的几句话，也是一个百岁科学家人生的自画像。

一片赤诚、一生奉献，一切都和祖国紧紧相连。新时代的青少年要学习程开甲院士自力更生，发愤图强，严谨求实，崇尚科学，无私奉献，勇于登攀的精神。

焦裕禄不搞特权

焦裕禄（1922—1964年），山东省淄博市博山县北崮村人，干部楷模，中国共产党革命烈士。

焦裕禄担任兰考县委书记时，他的大女儿焦守凤初中毕业没考上高中，在家闲着没事干，有人介绍她去当小学教员，有人介绍她去邮政局当话务员，也有人介绍她去当营业员。但是焦裕禄都没有同意。他说："年轻人应干点脏活、累活，要找一个体力劳动比较重的职业去锻炼锻炼。"最后，焦守凤到县食品加工厂当临时工。上班那天，焦裕禄带着女儿对加工厂厂长张树森交代："我的女儿在这里做临时工，你们不要以为我是县委书记，另眼相待，应该对她严格要求。请把她安排在酱菜组，这对改造她的思想有好处。"

有一次，11岁的儿子焦国庆挤在礼堂门口想看戏，把门的老肖知道了国庆是焦书记的儿子，没要票就让他进去了。国庆看完戏回到家，焦裕禄问清了他看"白戏"的情况，十分生气地说："你小小年纪可不能养成占便宜的习惯。看'白戏'是剥削别人的劳动果实。"说着从兜里掏出两角钱，让国庆第二天一早把戏票钱送去了。

一天早晨，焦裕禄带着二儿子跃进到中山南街路西理发店理发。一会儿，6岁的焦跃进着急了，哭闹着要走。理发师张国贞说："先给焦书记理吧，他的工作忙。"焦裕禄看看旁边几个比他来得早的顾客说："我还是等一会儿，让来得早的同志先理吧。"

焦裕禄理完发，又带着跃进到城关粮管所买面。一位负责人连忙热情地迎上去说："焦书记，买粮的人很多，排队得等一会儿，我给你代买吧。"焦裕禄回答道："你们不要光照顾我，要想办法让来买粮的群众都不排队。还有，你们在这个地方搭个棚子，下雨淋不着群众，天热晒不着群众，那不是更好吗？"买粮的群众都说焦书记工作忙，几次让出位置让他先买，他还是坚持排了半个多小时的队，才买了面。几天后，粮管所在开票窗口前搭起了棚子。

焦裕禄在兰考担任县委书记时所表现出来的"亲民爱民、艰苦奋斗、科学求实、迎难而上、无私奉献"的精神，被人们称为"焦裕禄精神"。2009年9月10日，焦裕禄被评为"100位新中国成立以来感动中国人物"。2019年9月25日，焦裕禄获"最美奋斗者"个人称号。

马祖光淡泊名利

马祖光（1928—2003年），光电子技术专家，出生于北京市。

1981年，有关部门把刚回国的马祖光安排在宾馆休息，可第二天他就跑到一家招待所去了，"一晚上花几十块钱，太贵！"结果，他给自己换了一个每天只收5元的房间。有一年，他请上海一位学者讲学，招待费超过了马祖光规定的30元，系里要给他报销，马祖光说："人是我请的，超出的钱我自己补。"1986年，马祖光应邀出席国际会议，大会发了500美元奖金，他当即用这笔钱给实验室买了一套"中性衰减片"。

"共产党员在贡献上是要区别于普通人的，要处处走在前面，在利益面前更不能伸手。"马祖光在一份工作总结中如是说。

1988年，马祖光和同事王雨三到国外学术访问，顿顿都吃带去的方便面。在国外吃方便面并不是容易的事，因为所住地方根本没有开水。

后来，他们就和服务员商量每天吃饭时单独准备点开水泡方便面。马祖光回国后交给国家的306美元就是这样省下来的。

2001年马祖光评上院士后，学院给他配了一间办公室，并要装修。马祖光急了："要是装修，我就不进这个办公室。"最后不但没进去，他还把办公室改做实验室。马祖光和6名同事挤在一个办公室，大伙说太挤，他却说："挤点好，热闹！"

熟悉马祖光的人都知道，他从不在意物质生活，生活标准出乎意料的低。而他面对名誉也坦然处之。

1999年，马祖光得知学校把为自己申报院士的材料寄出后，就十万火急地给中科院发出了一封信。信中写道："我是一个普通教师，教学平平，工作一般，不够推荐院士条件，我要求把申报材料退回来。"他的理由是很多比他优秀的学者还没有成为院士，了解他的人都知道他的话发自内心。

2001年，新的院士评审规则要求申报材料必须有申请者本人签字，马祖光却拒绝签字。申报期限最后一天，原校党委书记李生只好以校党委名义到他家做工作。

"我年纪大了，评院士已经没有什么意义了，应该让年轻的同志评。我一生只求无愧于党就行了。"马祖光还是不同意签字。

"你评院士不是你个人的事，这关系到学校，是校党委作出的决定。你是一名党员，应该服从校党委安排。"李生接着他的话题聊起学校党建工作，这激起马祖光对入党以来的美好回忆："我这一辈子都服从党组织安排……"李生赶紧接过话头，"那你再听从一次吧！"

"迂回战术"奏效了。马祖光勉强签了字，半天不吭气。申报后马祖光当选中科院院士，他说："第一是党的教育和培养，第二是依靠优秀的集体，第三是国内同行的厚爱。"

这里有一个小插曲。中科院审阅马祖光的院士推荐材料时，产生了疑问：作为光学领域知名专家，马祖光的贡献有目共睹，可许多论文中他的署名却在最后，为什么？

哈工大光电子技术研究所博士生导师胡孝勇说：他为别人做了大量准备工作，花了大量心血。他依据每个人的特点，把争取来的很多课题分出去，让别人当课题组长。马老师没有半点私心。

哈工大光电子技术研究所博士生导师王月珠说：马老师从德国回来后，把自己在国外做的许多实验数据交给我测试。测试后完成的论文他改了三四遍，我便把他的名字署在前面，他一口回绝，最后他的名字还是排在最后。

几乎每一篇论文的署名都有这么一个过程：别人把马祖光排在第一位，他立即把自己的名字勾到最后，改过来勾过去，总要反复多次。

克己奉公，淡泊名利。似光柔和的马祖光说："事业重要，我的名不算什么！"

2003年7月15日，马祖光在北京去世时，身上穿的还是那件蓝色带补丁的中山装。同事和学生止不住眼中的泪水，默默地给他换上一套新西装。

"你是光，你的名字就是一片光。不会熄灭，不会索取。你的天空有光的赤诚，你的心底有光的能量。"歌曲《你是光》表达了人们对马祖光的敬意。

孙家栋以身许国

孙家栋，男，汉族，中共党员，1929年4月8日出生，辽宁省复县人。

六十载航天征程，孙家栋用一次次奋斗，换来了航天科学技术的一次次突破，在实现"飞天梦"的国家记忆里，到处可见他辛勤耕耘、无私奉献的身影，年过耄耋未伏枥，犹向苍穹寄深情。他带领中国航天英雄们，挺起了这个曾经是积贫积弱国家的脊梁，也带领这个国家走向更为宽阔的天地。

在中国的航天史上，有太多第一都与孙家栋这个名字紧紧相连：中国第一枚导弹总体、中国第一颗人造地球卫星、第一颗科学实验卫星、第一颗返回式遥感卫星，他是技术负责人、总设计师；中国第一颗通信卫星、静止轨道气象卫星、资源探测卫星、北斗一号工程、中国探月一期工程，他是工程总师。

1964年，中国第一颗原子弹爆炸成功，中国成为第五个拥有原子弹的国家。两年零八个月后，中国第一颗氢弹爆炸成功。神州欢腾，国威大振。1967年，钱学森亲自点将，孙家栋担任我国第一颗卫星东方红一号的技术总负责人。没有资料，没有专家，一切从零开始。1970年，东方红一号卫星发射成功，一曲嘹亮的东方红响彻大地。那一年，孙家栋不过41岁。在这伟大辉煌的背后，是无数默默无闻、无私奉献、舍生忘死、艰苦奋斗的科技工作者，以身许国，义无反顾地投身到祖国的建设中来，肩负起中国脊梁。1999年，孙家栋获"两弹一星"奖章。

2004年，孙家栋被任命为探月工程总设计师时已75岁。很多人劝他"功成身退"，毕竟探月工程是一项极为复杂而漫长的工程，而且国内缺少技术、缺少经验，稍微出一点差错，就可能酿成重大事故。几十亿的投资、几万人的心血就会付之东流，那时岂不是"晚节不保"？孙家栋却不怕，他的回答很简单："国家需要，我就去做。"

2013年，孙家栋以84岁高龄担任北斗卫星导航工程、风云二号静止气象卫星的总设计师。北斗导航卫星的意义，孙家栋很明白，他特别强调要自主创新，当年苏联专家撤走时烧毁所有图纸的经历，是他刻骨铭心的痛，"今天搞航天的年轻人，更要有自主创新的理念，要掌握核心技术的话语权"。

孙家栋带领的航天人，克服了各种难以想象的艰难险阻，突破了一个个技术难关，取得了中华民族为之自豪的伟大成就。民族记录下了一个伟大航天报国人朴素的身影。孙家栋的贡献远不止仅仅等同于"两弹一星"元勋、国家最高科学技术奖、共和国勋章，而是永远的经典，更是一个民族的魂魄！

孔繁森生活清贫

孔繁森（1944—1994年），山东省聊城市人，孔子第74代孙。他18岁参军，1966年加入中国共产党。1969年复员后，他先当工人，后被提拔为国家干部。1979年，主动请缨去西藏工作。

1993年，妻子到西藏探亲，去的路费由自己筹措。由于看病，妻子把回程的路费都花光了，只好向孔繁森要钱，而孔繁森并没有那么多钱，东挪西借也才凑了500元，不够支付当时回程的800元机票。妻子不忍心让丈夫为难，就自己找熟人借了一些。回到济南后，妻子去看上大学的女儿，女儿一见面就对妈妈说："学校让交学杂费，我写信给爸爸，爸爸让我跟您要。"他妻子一听，眼泪唰唰地流了下来——自己身上剩下的钱，连回家的机票都不够，哪里还有钱给女儿交学费！

孔繁森把工资中的相当大一部分用于帮助有困难的群众，平时根本就没有攒下钱。他给群众买药，扶贫济困时出手大方，少则百十元钱，多则上千元。

1994年11月29日，孔繁森完成工作任务返回阿里途中，不幸因车祸殉职。除了公文包，人们在他的身上只找到了8元6角钱的现金，在场的每个人都流了泪。

在孔繁森的葬礼上，悬挂着一副挽联，形象地概括了孔繁森的一生，也道出了藏族人民对他的怀念：

一尘不染，两袖清风，视名利安危淡似狮泉河水；

两离桑梓，独恋雪域，置民族团结重如冈底斯山。

2018年12月，中共中央、国务院授予孔繁森改革先锋称号。2019年9月25日，被评为"最美奋斗者"个人。

南仁东淡泊名利

南仁东（1945—2017年），满族，吉林省辽源市人。他是中国天文学家、中国科学院国家天文台研究员，曾任FAST工程首席科学家兼总工程师。

南仁东最早提出FAST工程概念，他提议利用贵州省喀斯特洼地作为望远镜台址。他一生朴素低调，却为了FAST高调发声，对20世纪90年代初的中国而言500米口径球面射电望远镜的建造计划，大胆得近乎疯狂。无论地质条件、技术条件还是工程成本都难以达到相应的标准。此时，几乎所有业内专家都不看好这个项目。

尽管如此，南仁东并没有放弃。从1994年到2005年，他自掏腰包走遍了贵州大山里的数百个窝凼只为寻得一个合适的台址。乱石密布的喀斯特石山里，没有路，只能从石头缝间的灌木丛中，深一脚、浅一脚地挪过去。皇天不负有心人，这个合适的地方被他找到了——这里几百米的山谷被四面的山体围绕，天然挡住外面的电磁波。

2007年，FAST终于成功立项了。但随之而来的却是近乎灾难性的风险——索网的疲劳问题。对当时购买的钢索结构实验发现没有一例可以满足FAST工程的使用需求。开挖工程已经启动，如果索网问题不解决，一切工作都要搁置不前。南仁东顶着巨大的压力，踏上了漫漫"求索"之路，几乎跑遍了半个中国，先后参与了一百多次试验，终于研制出了能满足FAST要求的钢索结构，化解了这个对FAST最具颠覆性的技术风险。

但长期的奔波劳累让南仁东的身体大不如从前。尽管如此，他仍然如期出现在施工现场，仍然亲自爬上100多米高的铁塔，检查一个个滑轮。

他的成就很伟大，但他从来都把自己看得很小。他对同事和学生们都很随和、平易近人，可以互开玩笑，也可以敞开心扉。但如果碰到对FAST工作不够认真的人他会毫不留情地批评，脾气"坏"得很。虽然南仁东对工作要求极严，但他并不专横，重要的技术决策，他会认真听取技术人员的意见。他淡泊名利，一生没得过几次奖，屈指可数中的一次是获得"CCTV2016年度科技创新人物"。然而，在领奖时南仁东只说了几句话，里面没有一句是讲自己的。

南仁东说："这个东西(FAST)如果有一点瑕疵，我们对不起国家。回首往事，有苦有甜。它不是我个人，有点关系，不大，它是一大群人的拼搏和努力。"在被查出罹患肺癌，他也并没有放下自己手头的工作，在生命的最后几个月，他依然密切关注着FAST的每一项进展。

2016年9月25日，"中国天眼"终于在贵州告成。它的建成为探索宇宙奥秘提供了独特手段，为基础研究、战略高技术发展和国际科技合作提供了世界领先的创新平台。然而在2017年9月15日，南仁东老师因为过度工作，自身病情加重，肺癌突然恶化，抢救无效逝世，最懂天眼的走了，享年72岁。遵照南仁东的遗愿，丧事从简，不举行追悼仪式，他的离开也如他生前一般低调。

2019年9月29日中华人民共和国国家勋章和国家荣誉称号颁授仪式在人民大会堂金色大厅举行，南仁东被授予"人民科学家"荣誉称号。

他将他的一生都奉献给了"天眼"，"没有他，就没有'天眼'"。他不希望被人们记住，但人们又怎会忘记他的卓越功绩？

第六章

弘扬勤廉美德的岐山人

　　勤廉美德是周代圣贤留给我们弥足珍贵的精神财富，也是留给岐山人民的传家宝。在勤廉美德的熏陶下，一代又一代的西岐儿女传承弘扬先贤美德，自强不息、厚德载物，他们清廉做人、勤勉做事，用勤劳的双手创造美好生活，用廉洁自律砥砺品德、干事创业，留下了许多可歌可泣的故事。

　　本章选取了20个当代岐山人的先进事迹，反映了在党的坚强领导下，不同行业的岐山人在新时代传承、弘扬、践行周文化中的勤廉美德，他们清廉做人、勤勉做事，取得了骄人的成绩，成为时代的楷模和我们学习的榜样。

巨晓林以勤筑梦

巨晓林1962年出生于陕西省岐山县杜城村。1987年，他成为北同蒲铁路电气化工地的一名农民工。高中学历的巨晓林为了胜任这份工作，暗下决心。他上班跟着师傅学，下班追着师傅问，记下70多本、130多万字的笔记。在学通专业知识的基础上，巨晓林把目标瞄准了技术创新。经过30多年锲而不舍的努力，巨晓林累计创新施工方法143项，给公司创造经济效益超过2000万元。

随着我国铁路的快速发展，一批又一批农民工来到铁路电气化工地。看到一些新来的工友学习接触网技术有点吃力，巨晓林便萌生了编写一部《接触网施工经验和方法》工具书的想法。他要把自己的经验传授给新来的工友，让他们早一点成为铁路电气化施工的骨干。

写书，对于他这个高中生来说，就像是攀登一座高山。有人不理解，说他是自找苦吃。他听了并没有气馁。因为他心里始终揣着一个梦想："要用知识武装自己的头脑，要用技术提高农民工的地位！"

2003年，因企业任务不足，一大批农民工休假了。作为一个农民工，待业可能意味着失业。巨晓林即使回到家里，仍然不忘坚持学习，坚持写作。一天清晨，他发现自己的笔记本和书不见了，便问妻子，妻子不吭气，又问了一遍，妻子火了，气冲冲地说："我把它扔灶炕里烧了！老巨呀老巨，好不容易盼到你回来了，你都失业了，还写哪门子书！书能当饭吃？"说着说着，妻子伤心地哭了。此时此刻，巨晓林心里有说不出的滋味，从内心感到愧对妻子。为了表达内心的歉疚，他给妻子写了一首小诗："冬天里，我把一个最美妙、最美好的梦，种在心田，抚育着、抚育着，希望它早点发芽、开花……"妻子看后怒气渐渐消了，还让他把"冬天"改成"春天"，深情地对丈夫说："晓林，春天才是发芽的季节呀，我想通了，支持你!"

在单位领导、工友们和亲人的支持下，经过3年多的艰苦努力，巨晓林终于完成了《接触网施工经验和方法》书稿的写作。中铁电气化局组织有关专家对书稿进行了科学论证和精心修改，编印成书，发到全局数千名接触网工手中。在公司职代会上，巨晓林发表了《农民工也要有知识、有技能、敢为人先》的主题演讲。他饱含深情地说："党和政府给了好政策，企业搭建了广阔舞台，只要肯努力，人人都可以成才。"

2010年5月，巨晓林作为高技能人才，被选调到举世瞩目的京沪高铁参加施工技术攻关，公司聘任巨晓林为"工人导师"。巨晓林所在的一队三班被公司正式命名为"巨晓林班组"。

在京沪高铁施工中，巨晓林和工友们发扬"挑战新时速，砥砺再奋进"的电气化高铁精神，着眼于解决现场施工难题，对接触网工人攀爬H型钢柱专用脚扣进行技术革新，提高了接触网工人高空作业的安全和效率。他完成的《提高京沪高铁数据测量一次合格率》科研课题，获得中国中铁股份公司最佳成果奖，并在全线推广。在合福客专施工中，他共改进、发明了包括"双级电动隔离开关安装法""巧摘空中紧线器、滑轮法"等30余项工艺工法，涵盖了高铁接触网施工多道工序。他主导开发的《降低合福客专四电接口施工不合格率》QC成果，保证站前工程的沟槽管道预埋安装一次到位，施工成品全部达到优秀标准，获得全国工程建设优秀质量管理小组一等奖，研制的"支柱限界测量工具"获得国家实用新型专利。

2012年2月，巨晓林荣获铁道部京沪高速铁路"十佳建设标兵"称号。"巨晓林技能大师工作室"在中铁电气化局一公司挂牌成立，巨晓林成为全国铁路电气化建设领域高技能领军人才。

巨晓林自豪地说："铁路电气化事业，是我实现梦想的舞台，能亲手建造世界一流的高速铁路，是我一生的荣光。"

（《岐山好家教好家风风采录》）

冯积岐笔耕不辍

冯积岐，1953年出生于岐山县凤鸣镇陵头村，陕西省作家协会原副主席、创作组组长。

上小学时，冯积岐就非常喜欢读书，晚上经常点着煤油灯读书到深夜，但凡是能力范围可以找到的书，冯积岐都读了一遍。1968年回乡务农后，在繁重的农活之余，读一本好书是冯积岐最奢侈的享受。为了看书，他经常省吃俭用，走十几里路，只为能去县城买一本书。大量的阅读，以及对困境中生活的深刻感受，一种创作冲动从冯积岐心里喷薄而出，并且一发不可收拾。1982年秋，正在地里掰苞谷的冯积岐，遇到了下乡组稿的《延河》编辑徐岳，冯积岐羞赧地拿出了自己的三篇短篇小说，徐岳惊讶于这个农村青年的才气，选了一篇最有代表性的《捞桶》，不久后这篇改名后为《续绳》的小说刊发在《延河》杂志。

《续绳》的发表给了冯积岐极大鼓励，他对待写作更勤奋了。在被招到当时的北郭乡广播站时，他白天忙工作，晚上熬夜创作，经常会写到忘我境界，忘了吃饭，忘了时间，直到实在写不动才停笔。有一次，冯积岐写作写到凌晨四时多，肚子饿得实在难受，就去食堂敲门，敲了半天没人开门，他才想起灶夫放假回家了。当时正下着雨，但饿得睡不着，冯积岐干脆走了三里多地回家，从睡梦中醒来的妻子吓了一跳，还以为出了什么大事。从此以后，冯积岐经常在办公室放一块馒头，写到饿了，就吃点干馍，喝点开水。但不管条件多么艰苦，生活有多么残酷，冯积岐对待文学的虔诚态度永远一如既往。冯积岐说："不管从事什么工作，都要有毅力，有耐心，搞创作，尤其贵在坚持。我是屡挫屡勇的人，无论外部环境怎么变化，都不影响我的追求。"冯积岐经常把自己从书桌前写到病床上，病情稍有好转，又回到书桌前。但冯积岐身上有两种病却永远无法根治，这就是读书和写作。冯积岐说，爱好是他喜欢文学艺术的主要原因，这种爱似乎是癌症，一旦患上就很难根治。

1988年冯积岐被省作协特招为《延河》编辑，冯积岐也是我省作家中唯一一位，以农民身份直接进入省作协的。到省作协后，创作的环境明显好转，但走出农村，融入城市生活却是一个漫长的过程。八年时间内，冯积岐只是临时工身份，享受不到体制内的一些待遇，自尊心常常受到挫折，而且他在城市是孤身一人，妻子家人都在农村，作为家里的顶梁柱，他还要承担养家糊口的重任，生活的艰难可想而知。就是在这样的条件下，冯积岐仍然坚持创作，每年都有不少作品刊发在全国各大文学刊物上。后来，冯积岐的身份问题终于解决，待遇提高了，但是他的创作状态从未受过影响。冯积岐说："即使我当一辈子农民，也会一辈子写作的。"

从1982年拿起笔，冯积岐笔耕不辍，40余年来，冯积岐在《人民文学》《当代》《花城》等杂志发表中短篇小说260多篇（部），作品多次被《小说月报》《小说选刊》和各种优秀作品选集选载，出版长篇小说《村子》《沉默的季节》《逃离》等13部，出版中短篇小说集、散文集，长篇小说共有40多种，作品曾多次获奖。

无疑，冯积岐是从故乡的沃土中走出来的一位才子。他的作品在全国打响，让众多读者知道了岐山，更让岐山本地的读者更加敬仰自己的故乡。他笔耕不辍，勤奋有为的形象也为岐山年青一代树立了学习的榜样。

（宝鸡新闻网）

王保锋身残志坚

　　40余岁的王保锋，是岐山县凤鸣镇太子村村民。他不到1岁时，因病用药不当致使脑神经损伤，基本丧失运动能力，四肢严重残疾扭曲，连说话都困难，吃喝拉撒睡更离不开人照顾。2001年，他的父亲因突发脑溢血离开人世。从此，王保锋的母亲靠养两只奶羊维持家庭的日常开销。他身残志坚，依靠自己的辛勤努力，勤奋好学，用脚绘画出一幅幅出神入化的画作。在岐山县举办的第一届残疾人书画作品展上，他的画获得绘画一等奖；在宝鸡市第六届残疾人文化周活动文艺汇演暨残疾人书画、摄影展上获得二等奖。他的事迹被《宝鸡日报》、搜狐网、新民网等媒体报道后，在社会上引起强烈反响，谱写了一曲催人奋进的自强励志之歌。

（《岐山文物旅游》）

张永兴勤劳致富

　　张永兴出生在岐山益店永新村的一个贫困农民的家庭，由于家大人多，再加上村子自然条件差，家里经常缺衣少食。穷人的孩子早当家，为了养家糊口，1995年他下定决心自开豆腐加工坊，一干就是21年。

　　张永兴为了使自己加工的豆腐销路更广，符合大众口味，质量更上一层楼，品质走出永新，名气享誉全镇乃至岐山东北片，他牢记三人行必有我师的教诲，经常利用闲暇时间，去远处十里八乡请教豆腐加工业内好师傅，学人之长，补己之短。功夫不负有心人，通过努力，张永兴加工的豆腐物美价廉，不仅在本村很有名气，而且还远销到益店镇官庄、益平、妙敬、益和，扶风县万杨村、枣林镇北营、范家塬等村。

一份辛勤，一份收获。张永兴凭着好学、勤劳、厚道，换来了蒸蒸日上的幸福生活。他家很快就摘掉了穷帽子，改建了二层小洋楼。张永兴用鲜活的例子给全村人诠释了"勤劳能致富""家和万事兴"的意义。永新村村民也视他为学习的榜样，学习他勤劳好学的美德，学习他勇于探索、积极进取的精神，学习他待人厚道、与人为善的好品行。现在走进永新村坡子头村民小组，一提起张永兴师傅，人人都会竖起大拇指夸赞他一番。

（《岐山好家教好家风风采录》）

孙建军夫妇以勤为本

岐山县凤鸣镇太子村七组村民孙建军、康清秀夫妇拥有一个幸福美满、三代同堂的六口之家。他们用自己的勤劳、朴实和宽容守护着最真实的幸福，享受着最舒心的生活。

2008年太子村积极响应上级农业部门的号召，推广大棚瓜菜工程。当时大棚种植还没有大规模发展起来，很多农户都质疑大棚经营能否获得经济效益。孙建军、康清秀夫妇得知这个创业项目后，抱着试试看的心态拿出辛苦积攒的8000元承包了两个大棚。

刚起步阶段是最艰难的，解决了土地和资金问题才仅仅走出了创业初期的第一步，而大棚种植还需要一定的专业知识和技术。孙建军、康清秀夫妇经营起大棚种植以后，总是早出晚归，他们从了解西瓜栽培、防病虫害等方面着手，碰到问题及时向农业技术人员请教。他们一大早钻进大棚，浇水、施肥、喷药、打点、除草……凭着一个"勤"字，初夏季节，他们家的大棚西瓜成熟了。皮薄瓤红、香甜可口的西瓜一上市就被抢购一空，给他们带来了可喜的经济效益。

经过几年的辛勤劳作，孙建军的家庭生活环境和条件也发生了翻天覆地的变化，小日子过得红红火火。他们夫妇也成了全村发家致富的示范带头人。孙建军夫妇常说："自己富裕了不算富，大家富裕了才算富"，富裕起来的他们时刻不忘身边群众，他们总是毫不保留地向村民传授自己的致富心得。在他们的带动下，太子村大棚经济得到了规模性发展。孙建军夫妇用实际行动践行了"勤为本"的古训，他们也为下一代的健康成长铺就了人生美丽而宽阔的道路。

（《岐山好家教好家风风采录》）

刘宏春献身教育

刘宏春，男，中共党员，本科学历，中小学高级教师。岐山县城关小学校长。同时，兼任陕西省青少年科技辅导员协会理事，宝鸡市首届基础教育教学指导委员会委员，宝鸡市教材委员会委员、宝鸡市科技人才智库专家。近年来，曾先后获得陕西省优秀科技辅导员，宝鸡市"百姓学习之星"，宝鸡市优秀少工委主任，宝鸡市德育工作先进个人，宝鸡市教学能手，宝鸡市学科带头人等荣誉称号。

他勤于学习。工作之余，最大的嗜好就是读书看报。阅读党报党刊，学习贯彻习近平新时代中国特色社会主义思想，践行社会主义核心价值观，坚定了爱党爱国意志；阅读经典名篇，丰富了他的道德情操，提高了文学修养，领悟了人性的真善美；阅读教育专著，汲取知识的甘霖，他的业务水平不断提升。同时，他把学到的理论与教育实践相结合，写出了近百篇文章，在颇具影响力的《班主任》《科学课》等报刊发表。

他勤于管理。俗话说：学校无小事，事事皆教育；教师无小节，处处是楷模。作为一校之长，他时时处处以教师职业道德规范来严格约束自己，要求师生做到的，自己必须做到，并力争做到最好，成为大家的表率。他每天总是第一个到校，迎接学生上学；最后一个回家，护送学生放学，风雨无阻，寒暑不惧。在他的影响下，全体师生都能严格遵守学校的规章制度，没有人无故迟到和早退。他每天总要挤出时间在校园里巡查，看到散落地面的纸片等垃圾就弯腰捡拾；看到学生追逐打闹就及时制止。在他的感召下，孩子们的保洁意识普遍加强，课间活动更加有序。

他勤于教学。作为有两千多名师生的学校负责人，虽然每天要面对各种各样的事务，但他始终不忘作为一名老师的本色，认认真真地上好每一节课，批改好每一本作业，辅导好每一名学生。并根据学科特点，强化学生科技创新意识和能力的培养，近年来，辅导的一百多项科技实践活动在各级各类大赛中获奖。

他廉洁自律。有大局意识和群众观念，能自觉维护班子团结。他能牢固树立"四个意识"、坚定"四个自信"，做到"两个维护"，带头弘扬党的优良传统。他能时刻保持清醒的头脑，常思贪欲之害，常怀律己之心，常排非分之想，常修从教之德。不闯法纪"红线"，不越道德"底线"，严格落实党风廉政建设"一岗双责"责任，为学校的良好发展发挥了引领作用。

（岐山县城关小学）

李忠科倾心拓印

20世纪70年代中期，李忠科出生于陕西省宝鸡市岐山县五丈原镇五丈原村。诸葛亮庙博物馆景区每天络绎不绝的游客，让这座小镇热闹不已，也让这个土生土长的五丈原汉子"嗅"到了商机，遂在景区做起了旅游胜地照相的营生。在他的认真钻研下，照相生意十分红火。跟随游客的步伐，他常常听导游讲解镇馆之宝南宋岳飞书诸葛亮《前后出师表》，长期的耳濡目染、多次的深情凝视，让肚子里没有多少墨水的李忠科，对书法艺术和历史文化产生了浓厚兴趣。他盯上了拓印这一行当，他想让这些古代珍宝通过这一传统技艺展示在更多人的面前。

"看起来容易，做起来难。我刚开始做的时候，纸上不上，就用胶带粘住四周，可上墨时纸还是掉；上墨时掌握不好力度，取的时候拓片就破了……"李忠科回忆着自己走过的一些弯路。

翻阅大量拓片制作资料，仔细琢磨拓片的字口、边缝，反复调试墨汁的比例，不断更换拓包的填充材料……在这条摸索技艺的道路上，李忠科走得缓慢而艰难，但他执着而坚定，不放弃一点一滴的学习积累。在朋友的介绍下，他参加了洛阳市非物质文化传承人裴建平拓片技艺培训课程。自此，"复活"珍贵文化遗存，成了李忠科坚持不懈的工作。

一个墨盒、一方垫板，几把分工明确的毛刷、几块大小不一的拓包，是李忠科十年间最亲密的"伴侣"。在他的世界里，拓印时发出的"噗噗"声，是最深沉悦耳的声音。

拓碑是一门高级技术，也是一件体力活。拓碑时李忠科需要先将石刻清洗干净，让上面的花纹或文字尽可能清楚，然后将裁好的宣纸敷于碑文表面，自上而下把纸轻轻润湿，之后用毛刷轻扫宣纸，使湿宣纸展平并紧贴所拓平面。待宣纸稍干后，再用拓包蘸取适量墨汁，轻轻扑打，复制图文。待宣纸风干，将其取下，石刻上的图文就纤毫毕现地展露在宣纸上，拓片就算制作完成了。

十年间，李忠科专注于传拓艺术的同时，也醉心于传拓文化的传播与推广。"拓印是一种对文物进行保留、保护的过程，很多珍贵的文物，由于受保护条件限制，会受到不同程度的损毁，拓片可以将它们的模样，保留在时间长河中，传承于后世子孙。"当被问起为何对拓印如此执着时，李忠科这样告诉记者。

多年的努力和蓄积，终于绽放出美丽芳华，李忠科完美地演绎着

"字口清晰、黑白分明、墨色均匀、墨不透纸、拓片完整"的传拓技法，但他并不满足于这点"小成小获"，而是向自己的技艺生涯发出了更高挑战，不断精进自己传拓的技艺，在一次次作业过程中倾注着"下一张会更好"的匠心精神。人们也渐渐知道了岐山县蔡家坡镇有一位可以"复活"文化遗存的拓工李忠科。

随着近年来非物质文化遗产保护工作的不断推进和中华优秀传统文化振兴的时代步伐，李忠科时常受到我市各大博物馆和景区邀请，在四川省、甘肃省等重大文物碑拓印工程现场，也能看到他忙碌的身影。《全国传拓名家邀请展作品集》《金石永寿渭水绵长》金石拓片精选、《守望经典金石墨韵拓片邀请展作品精选》等作品倾注了他的心血。

"我热爱拓印，会继续努力精进，让传拓的墨香飘进人们生活的角角落落。"拳拳可见的赤诚之心和对历史文化的一腔热情，在李忠科的眼中熠熠生辉。

（宝鸡党建网）

何志杰攻坚克难

何志杰，男，汉族，33岁，大专学历，现为陕汽集团商用车有限公司总装厂调试车间主管。十年的磨砺，使他从一名技术工人成长为车间主管。他以钉钉子精神攻坚克难，一次次解决车辆电控系统"疑难杂症"，一次次取得技术突破。获评国家知识产权局颁发的实用新型专利证书，荣获全国行业职业技能竞赛"陕汽商用杯"汽车装调工职业技能竞赛个人优秀奖、陕汽控股第四届创新大会小微创新成果二等奖等多个奖项，被授予公司级最强"燃灯者"荣誉称号、"陕汽工匠""青创先锋"等荣誉称号。2021年被评为岐山县第八届"十大杰出青年"。

（陕汽商用车职工之家）

赵同庆处处为民

年近70的赵同庆，是益店镇宋村卫生室医生。扎根农村基层卫生所工作40余年，累计接诊22万人余次，出诊1.5万人余次，多次被上级部门评为先进个人，当地群众称他为生命的守护神。他不论严寒酷暑，为宋村及周边村民的健康保驾护航，为贫困群众赊免药费6万余元，始终以一名共产党员的身份严格要求自己，被国家卫生部评为乡村优秀医生，深受群众好评。2018年9月，赵同庆被评为岐山县第三届道德模范。

（岐山县政府网）

第一书记王朝伟

2020年初，正是新冠肺炎疫情肆虐的时候，王朝伟主动请缨担任岐山县纪委监委派驻京当镇贺家村第一书记，他牢记组织的重托，再次回到了熟悉的农村。

京当镇贺家村位于岐山县西北部乔山脚下，由两个村合并而来，属建档立卡贫困村，2016年脱贫出列。村委会距县城30多公里，全村1050户4150人，耕地面积6168亩，有效灌溉面积1890亩，全村有贫困户236户799人。半年多来，王朝伟用脚步丈量着这个陌生而熟悉的村庄，熟悉着这里的每个人、每一寸土地，记录着贫困户生产生活的点点滴滴，和村民们一起决战决胜脱贫攻坚。

刚来贺家村，他就暗下决心，一定要用实际行动，让大伙过上好日子。他是从农村走出来的，经历过一年四季面朝黄土背朝天的辛酸生活。当真正参与到脱贫攻坚工作中来，挑起第一书记的重担时，他才发现贺家村的条件比想象的还要差。在经历过徘徊和彷徨后，他最终选择了坚持和扎根这片热土。

说干就干。初到村里，工作怎么开展也是他最大的困扰。他先从摸清村子的基本情况入手，坚持吃住在村里，每天天一亮刚吃过早饭就去入户走访……白天入户调查，和群众一起拉家常、坐炕头、下地头，了解他们做什么，收成怎么样，有什么困难和问题需要解决。晚上在村委会细心整理各家各户的情况，逐一查看村档资料，学习脱贫攻坚政策，组织驻村工作队和村"两委"班子商议村级发展……整个3月份，他没有回过一次家，一双新胶鞋穿烂了，五双袜子也磨烂了，每天的微信运动记录都在三万步以上，牢牢占据"朋友圈"运动榜首。

短短一个月时间，他就把贺家村的历史来源、自然环境、经济发展、组织建设等方方面面的情况装在了心里。一家家的扶贫档案、一本本的民情日志，让他走进了贺家村，也走进了贫困户心中。镇村干部和群众说，"王书记是个实干家，也是个勤快的好小伙！"

贫困户李女旦患有严重的帕金森肢体残疾，长期需要服药，因对慢病相关政策不了解，没有办理门诊慢特病证。由于儿子夫妻离异，常年不回家，留下一个9岁的孙女与老两口相依为命，家庭十分困难。了解到这个情况后，王朝伟准备好相关证明材料，开着自己的车先后三次跑县城联系，为她办妥了门诊慢特病证，门诊买药年报销封顶线1500元，加上该户享受的4人B类低保政策，李女旦家的生活有了很大的变化。

贫困户周仓申和贫困户周安录两家因房屋排水问题发生矛盾纠纷，多年来一直协调不下。针对这一情况，王朝伟和村"两委"班子成员一道上门做思想工作，并主动帮助两家打扫庭院卫生，帮助夏收……最终，在他苦口婆心的劝导下，双方不计前嫌、握手言和。半年多来，他先后化解邻里矛盾纠纷3起，为两名残疾贫困户办理了残疾证，为一户贫困人口办理了低保兜底保障，为两名贫困户办理了门诊慢特病报销证明，为12户贫困户办理了11.7万元的产业发展补贴……

抓党建、促脱贫、强组织是第一书记的首要职责。自驻村伊始，王朝伟一直把使命任务牢记心中、扛在肩头。他坚持学习带动，先后开展现场培训10余次，组织党员观看远程教育学习30余次，形成了"对照榜样学、跟着书记干"的良好氛围……通过一系列措施，村"两委"班子成员重新找回了发展的信心。

"如何壮大村级集体经济和产业发展？怎样才能带动更多的贫困户脱贫退出？"这是王朝伟日夜思考的问题。面对村集体经济薄弱，带动贫困户脱贫效果不明显等老大难问题，王朝伟多方奔走，积极寻求专家"把脉会诊"，为村级集体经济壮大寻找良方和路子。

功夫不负有心人。2020年，在他的努力下，贺家村争取到县农业项目方面冷库配套资金50万元，目前，项目建设已基本完工；投资20万元的种植黄桃100亩项目目前正处于土地流转阶段，秋收后即可实施；投资40万元的节水灌溉工程和投资26.5万元的水泥路硬化已经进入施工阶段……有了项目，村"两委"会班子的干劲更足了，群众也看到了致富的希望。

"驻村是我人生的一次宝贵经历，我将继续一步一个脚印，用自己的辛苦指数换取群众的幸福指数，不断满足贺家村贫困群众对美好生活的新期盼！"作为一名党员，一名驻村"第一书记"，在脱贫攻坚战中，扎根在农村乡间、奋斗在黄土地上，他无怨无悔。

（岐山县融媒体中心）

最美准妈妈王苗苗

2020年的春节，对于岐山县蒲村镇纪检监察干部王苗苗来说绝对是难忘的。

按照传统习俗，新婚的第一个春节是一定要在老家过的。大年三十刚一放假，怀孕5个月的王苗苗就和同在乡镇政府工作的老公驱车赶往陕北老家。公公婆婆告诉她，家里已经煮好了羊肉，备好了丸子、酥鸡和钱钱饭。

回到家里的时候，已是华灯初上。喜庆的灯笼高高挂起，红红的对联和窗花格外醒目。家里菜肴飘香，婆婆一边接过大包小包的岐山特产，一边责怪："早点回来就行，还带这么多东西，家里啥都有。"

受新冠肺炎疫情影响不能出门，因此大年初一、初二这两天，每天都是睡到自然醒，这对于乡镇干部来说无疑是奢侈的。

初二晚上，王苗苗和老公分别接到了单位返岗的通知，他们简单商议之后就决定初三早上返回单位。看到两个孩子已经做出决定，父母虽然不舍，但还是帮着收拾行囊，叮嘱他们做好防护。

返程的路比回家要艰难许多。各地都设了卡，焦急万分的王苗苗不停地催促老公开快点。她知道，单位领导能让她也返回单位，疫情防控的形势一定非常严峻。

回到镇政府已经是初四中午，她顾不上休息，也没有去检查身体，而是直接去办公室报到，和大家一起投入紧张有序的疫情防控工作中。

虽然领导考虑她的特殊情况，尽量让她待在办公室做一些后勤保障工作。但是要履行好纪委的监督执纪职责，要把包抓村的疫情防控工作开展好，进村入户是不可避免的。她克服着剧烈的孕期反应，和所有的基层干部一样认真摸排情况、入户宣传政策、检查进出人员和车辆，才有了全镇疫情防控工作的良好局面。为了确保防控工作不留死角，忙完了白天的工作，夜间巡查检查对纪检监察干部来说是家常便饭，每天检查完回到宿舍都是10点以后。正是由于她的辛勤付出，才保障了全镇13个检查点24小时专人值守，取得了防输入、防扩散的阶段性胜利。

当接到家人的电话，担心地询问她的身体状况时，她安慰家人说："单位已经很照顾我了，考虑到我的特殊情况，尽量让我待在办公室搞后勤保障，也发了防护用品，你们放心吧。"

就是这样一位普普通通的基层干部，在自己平凡的工作岗位上恪尽职守，勇挑重担，成为蒲村镇最美准妈妈，身体力行地为宝宝做着最特别的胎教。

（岐山县纪检监察网）

董彩霞铁肩担道义

1993年，董彩霞刚满23岁，就和几个姐妹从老家到潼关县打工。在这里，她认识了同样来打工的岐山人金柯平，也就是现在的二哥。金柯平虽然腿脚不灵便，但心眼好，人也实诚。董彩霞也敬佩他乐观积极的生活态度。后来由于打工的厂子出了事，大家只能散伙回家。看到金柯平行动不便，善良的董彩霞便主动提出送他回岐山老家，没想到这一送，却让她永远地留在了这里。

初到金家，董彩霞印象非常深刻。她没想到，一个家庭，兄弟三人竟然都是身体残疾、双腿外翻、行动艰难。父母早早离世，家里只有一间破旧的土房。对于这个家庭，董彩霞心里有说不出的同情。经过更进一步接触，她发现，兄弟三人个个身残志坚。大哥金国平是村里的小学教师，二哥金柯平经常外出打工，老三金增平也经常到各地打工或者摆摊，他们并没有被生活压垮，都是积极乐观地面对生活的苦难。对于这个家庭，董彩霞由同情变为惊讶，由惊讶变为感叹，她多么想用自己的行动来帮助这一家人。可怎么帮呢？她思来想去，做出了一个连自己都不敢相信的大胆决定：与老三金增平成亲，走进这个家庭，成为家庭的一员。

"图啥？人不是人，房不是房，与三个泥捏的人咋过日子？""就是跟叫花子讨饭，也要个光光堂堂直腰的！"当母亲听了彩霞的想法，气

141

得嘴唇发青。然而，父母却想不到向来听话的乖女儿这回却犟得九头牛都拉不回："答应了人家，说出的话哪能改！要是我不去，那三兄弟咋活呀！"

同年5月6日，官庄人给了董彩霞所能够给予的最高礼遇：家家户户出劳出力，帮忙做了十来桌臊子面。从此水灵灵的陕南姑娘董彩霞像一片彩云飘进了岐山县祝家庄镇小强村官庄组，成了这户金姓人家的新媳妇和唯一女性。

婚后，生活的苦难才徐徐展开，少了新婚的甜蜜，更多的是数不完的劳作和艰辛。洗衣、做饭、打扫卫生，喂羊、养猪、耕地收获，赶集、晾晒……董彩霞是一个柔弱的女人，可在家里她是主心骨，是全家人生活的支柱，是个顶天立地的"男子汉"。

农村哪个女人不挑水，而金家吃水难！官庄井深40米，男人提起挑水也头疼，金家三兄弟挑不起扁担抓不住辘轳把，守着水井缺水喝。作为新娘的她要干的第一件活儿就是挑起扁担去半里路外挑水。彩霞爱干净，要养猪养羊，每天五六担水，六七年就是上万担水，直到通上自来水董彩霞才撂下扁担。

农村哪个女人不做饭，而金家做饭难！平常女人把生的做成熟的就是巧妇了，但她首先要耕地务庄稼，收割入了粮囤，把麦磨成面，把谷碾成米，把柴背回家，然后才能上锅烧饭，饭熟了又要把碗递到三兄弟的手里。结婚18年，除过端茶送饭，给三兄弟喂饭的时间加起来少说也有四五年。

农村哪个女人不种地，而金家种地难！人常说，农活没轻重、没长短、没早晚，而彩霞偏偏是个要强的女人，全家五亩地两料都不闲，而犁耧播种、施肥浇水、灭虫锄草、收获碾打，全靠彩霞一肩挑。三夏时节，家家忙得脚后跟朝前，谁看了金家的景象都要叹息落泪：一家六口，跪着挥镰的老大膝盖磨出了血，弯不了腰身的老二急得原地打转，挂着双拐的丈夫像个传令兵，彩霞割，儿子捆，女儿捡……有一年秋天，彩霞种的五亩玉米大丰收，可阴雨下个不停，为了腾地下种，彩霞像个泥猴一样把几千斤棒子和上万斤秸秆背到地头，一趟、两趟、十趟、几百趟……雨越下越大，望着满地的玉米棒和玉米秸，从不把自己当女人的她，再也忍不住了，趁地里没人放声大哭了一场。

农村哪个女人不治家，而金家治家难！一大家子人，靠种地挣钱，除去化肥农药种子没赚头，靠老大和丈夫的微薄工资，连一家电费水费药费都紧巴巴。她知道老二能说会道，做生意肯定有人气，两人一合计，老二摇车彩霞推车，早晨取货，中午送饭，雨天送伞，傍晚还要接回家，老二的手摇车摇到哪里，彩霞就如同影子跟到哪里。来回几十里路，这一跑就是近十年。为了补贴家用，他们借农闲摘槐米、捡杏核、收蝎子、挖山药，柿子熟了温柿子，山楂熟了串糖葫芦，腊月贩花生，正月卖灯笼。2000年，彩霞不忍心二哥风里来、雨里去，又跟他商量在家门口办了间便民小卖部。说是小卖部，进货靠彩霞，取货托顾客，老二只能当账房先生。村民们心疼地说，彩霞过日子就像掀碌碡，不出力掀不动，出力小仍然掀不动，挪一寸出的都是牛马力。

人常说，这难那难，伺候人最难。结婚十八年，金家的小灾小难多如牛毛，大灾大难掰着指头不敢数：老大在炕上躺了整两年，老二做了三次大手术，至今还走不了路，丈夫做了两次大手术，已经七八年干不了活，还有女儿小丹也遗传上了膝盖骨外翻……其实，这些都只是看得着数得清的，而真正尴尬的则是她为两个兄长多年接屎倒尿、擦洗身体。亲友们都知道：只要天下雨雪，弟兄三个都上不了厕所，彩霞要接屎倒尿；小病时弟兄三个活动不便，也在房间大小便，尤其是老大脑梗后大小便失禁，屁股底下铺好的废纸被他有意无意弄到一旁，刚换洗的床单瞬间就污染得一塌糊涂。村子里的人说，"天天遇到这事，是亲生儿女都嫌弃，可彩霞不嫌脏不怕累，天天换了床单洗身上，老大虽然躺了两年，身上没压烂一块皮！"老二也时常对着彩霞发脾气，有时还骂骂咧咧摔盆摔碗、罢饭，对于这些，彩霞总是边转身边笑着说："我才不和你计较哩！"金家的二妈讲了件让自己流泪的事，那是几年前天下着鹅毛大雪，路滑得人走在上面直打趔趄，彩霞一手端着热饭，一手提着开水瓶，筷子头还插着一个热馍，送给住在隔壁的金老大，转身又送给住在前房的老二，然后又把饭端给住在后房的丈夫，接着又踏雪去学校给女儿送饭，返回途中不慎摔倒，经医生诊断左腿为骨裂缝，需要卧床休息一个月。可她知道，她这一病家里会乱得一团糟，大哥、二哥、丈夫还有儿子和女儿都离不了她啊，摔伤后第七天她就拄着拐子开始操持一家人的生活。80多岁的军属于大妈说："彩霞难啊！一家老小都张口等吃的，她可不敢有个磕磕碰碰，要不全家都得嘴朝天。"

董彩霞用自己的爱心温暖着这个特殊的家庭，但由于生活负担实在太重，家里的经济条件一直不好。自从结婚后，董彩霞几乎没有买过一件衣服，她的衣服都是亲戚和邻居穿过的旧衣服。手里有一点钱的时候，她总是先给孩子买衣服，她说孩子在外面上学，要穿得好一点，她和丈夫穿什么都无所谓。对于生活，她从来没有什么奢侈的要求。有人问："没有你就没有这个残疾人之家，十八年比王宝钏守寒窑还难，想过离开这个家吗？有过后悔吗？"她怯生生地搓着双手，摇着头说："我走了，这家人咋办呢？嫁给了增平，有啥后悔的！"这朴实的话语，犹如黄土地一样质朴。

在民风淳厚的周原大地生活了近三十年，西周先民留下的仁义美德早已融进了董彩霞的血液中，她用自己责任之担担起了金家人幸福的生活。

（岐山县融媒体中心）

"厚地模式"推广者宣世荣

岐山县蔡家坡镇唐家岭村的陕西省厚地生物科技有限公司总经理宣世荣，是岐山县政协常委。他最大的心愿是用他的"厚地模式"解决农业生态空间安全及绿色有机农产品生产的问题，将"一碗面"做大做强，让广大群众吃上绿色健康的食物，助力乡村振兴和脱贫攻坚。

夜幕降临，晚霞映红了半边天，蔡家坡胡新村村委会灯火通明，人头攒动，"今天宣老师举办讲座，快点去占个好位置。"一个中年男子拉着自己的老伴，边跑边说，"宣委员的讲座，那可都是硬货啊，都是宝贝。"一名年轻的女子对着电话那头的人兴致勃勃地说。舞台中央，宣世荣声情并茂地讲解着自己的堆肥、厚地培肥、厚地土壤管理等三套技术，台下掌声、笑声不断，有人拍手称快，有人点赞叫好，也有人不断发问，整个村委会弥漫着浓厚的学习氛围。

宣世荣所讲的厚地堆肥、厚地培肥、厚地土壤管理技术三套完备的技术方案，又称为"厚地模式"。他的"厚地模式"堆肥技术的神奇之处在于将利用废弃的树枝，打碎的树枝，秸秆颗粒与其他辅料经过酵素$65℃\sim70℃$的高温发酵腐熟堆肥后，不仅能有效杀死发酵物中的有害菌，而且降解抗生素残留，最主要的是有机质含量高。将堆好的有机肥施进地里，不仅补充了有机肥不足的问题，也增加了土壤的有机质，同时经过高温处理的有机肥减少了病害的发生，也就减少了农药的使用量，为农产品安全生产提供了强有力的保证。

近年来，为推广"厚地模式"，宣世荣做了大量工作。他首先要做的就是让更多人转变观念，让人们知道身边的废物是宝物。他开始走村进户搞宣传。他认为人们的观念变了，他们的生活习惯也会随之改变的，废弃物不再乱堆乱放，枯树枝和秸秆也不用燃烧了，只有他们从心底认识到，这种东西是可以利用的，那么生活习惯会慢慢转变，人美了，环境也就美了。宣世荣逢人就说："用这么健康的肥料种地，那么土地贫瘠问题就会得到解决，在健康的土地上用健康的肥料种植作物，那它怎么可能不增产？增产就会增加收入啊，有钱挣，谁不开心啊！"降低种植成本，提高种植产量，增加农民收入，改善农村环境，助力脱贫攻坚，推进乡村振兴，这也是宣世荣一直铭记于心的原则。

虽说农业研究、农村宣传是件苦差事，可在宣世荣心目中："我所能做的就是扎扎实实地做好研究，传播有用的知识，一步一个脚印地把种田这件大事做好。""绿水青山就是金山银山，高效生态农业是未来农业的发展方向。"他认为"如今大家对食品安全和绿色发展都比较重视，通过讲座让大家了解一下微生物对我们农业方面有哪些应用和帮助，这些都是农民朋友们关心的技术问题、关注的焦点问题，这才是我发展推广'厚地模式'的初心。"

正因如此，才有了他不懈的奔波。宣世荣对农业的未来信心满满，为了这个目标，他数十年如一日一直奔赴田间地头、村村落落，沉醉其中，也乐在其中。

近年来，省农高会、外省市许多地方都慕名邀请他举办讲座，进行知识培训。在宣世荣及共同信仰者的努力之下，"厚地模式"现今已在河南、湖北、内蒙古等地运用，在宝鸡市麟游、太白和眉县等地广泛推广，已经建有厚地模式技术示范点17处，示范面积1000亩以上，涉及苹果、猕猴桃、核桃、花椒、蔬菜、园林花卉等农作物品种。

"厚地模式"为"三农"发展持续提供新动能，既保障农业的持续发展、农产品的安全生产，又能为食品安全打下良好的基础，这成了宣世荣永恒的理想和不懈的追求，也体现了一名当代农民、一个政协委员应有的担当。

（《黄土地上追梦人》）

赵恩强致富不忘乡亲

赵恩强，优秀高级职业农民，岐山县枣林镇神差村赵家庄组人，岐山县枣林镇神差村原村主任，退伍军人。

2012年，赵恩强成立了岐山县御京粉餐饮食品有限公司，公司是以培训岐山擀面皮为主的岐山小吃和建立加盟连锁店为主要业务，同时以开展线上线下销售岐山特产为辅的电子商务培训企业。

目前，公司拥有现代化面皮加工车间及实习车间各一座，拥有培训中心一处。十余年来，公司累计培训全国各地学员1800多名，为岐山县劳动保障局、岐山县残疾人联合会、岐山县共青团、岐山县妇联、岐山县总工会委托培训下岗工人、残疾人、农村妇女等2000多人次。赵恩强和妻子黄琼先后被宝鸡市人民政府评为2015年、2017年宝鸡市创业之星，宝鸡市共青团青年创业之星。公司被宝鸡市共青团认定为宝鸡市青年电子商务示范企业，被宝鸡市商务局评为宝鸡市电子商务示范企业，被岐山县人民政府评为岐山县电子商务扶贫基地。公司自成立以来，先后被市县相关部门命名为岐山县总工会下岗职工培训基地，岐山县残疾人培训中心。

为了带领乡亲们致富，赵恩强以自己的岐山县御京粉餐饮食品有限公司作为依托，邀请村民加盟入股成立了岐山县御京粉现代农业产业园。

致富不忘本，饮水思源。他时常想到父亲给他起的名字就是报恩，报父母养育之恩，回报家乡父老。2015年底，他当选为赵家村村民小组组长，先后多方筹资178万余元为村民小组建起了健身广场、幸福院、赵家祠堂，带领七户村民发起组建了岐山县赵秦种植农民专业合作社，并成功吸引102户村民加入合作社。三年来，先后给小组安装了31盏路灯，22套健身器材，积极向上级部门申请新修水井1眼，水渠8条，生产路 2 条，水泥街道 3 条，路旁种植樱花树 1 万多株，在建设完善基础设施的同时，带领村民赴杨凌、西安等地参观考察，发展猕猴桃示范园 40 亩，花椒示范园 320 亩。全组 102 户，345 人，几乎家家种植有经济作物，户户有可喜的经济收入。

在脱贫攻坚中，作为最基层村组干部，作为村民身边的领头人，他经常利用农闲和班后时间组织村小组 11 户贫困户学习国家扶贫政策，针对贫困户各户实际情况制定切实可行的脱贫方案。他积极帮助贫困户赵克强一家四口申请国家危房改造补助款；他力排众议，为贫困户赵千良筹措规整花椒园，为贫困户赵军奇争取花椒补助资金……

"补齐短板，手拉手发展产业脱贫，大家一起奔小康"，这是赵恩强一句口头禅，为了给在家留守村民和贫困户增加收入，他积极联系眉县猕猴桃果脯厂，组织本村村民加工猕猴桃，赚取加工费。70 多岁的贫困户赵青昌，坚持和老伴一起参加猕猴桃削皮的工作，每天可挣 60 多元工资。春暖花开之际，赵恩强又为赵青昌安排了园区浇花、剪草、打扫卫生等力所能及的工作，让其增加收入。

贫困户金融扶贫政策出台后，他又及时联系贫困户赵军旦、赵科强、赵峰亮，给他们详细介绍扶贫贷款的好处，鼓励他们树立信心，同时与他们一起分析市场前景，策划养猪、养羊、种植猕猴桃。最后，他又亲自开车来回奔波近百里路程在县城邮政银行和罗局信用社给三户贫困户申请到扶贫贷款 13 万元。

2021 年，在镇党委、村两委的大力支持下，岐山县枣林镇神差村股份经济合作社成立了，赵恩强带领赵家庄组的全体村民加入村集体股份合作社，他的梦想是，把生他养他的村庄建设成环境美、产业美、道德美的美丽乡村，让乡亲们通过种植农产品赚钱，合作社通过组织储存赚钱，公司通过销售赚钱的模式，达到大家有钱赚，一起奔小康的目标。

（《黄土地上追梦人》）

闫让岐担当机耕主力军

闫让岐，优秀职业农民，岐山县稼乐农机专业合作社创建人。

闫让岐出生在岐山风景名胜区崛山名刹脚下，一个地地道道的农民家庭，自幼受父母的熏陶和耳濡目染，对脚下这块广袤的土地，有着异乎寻常的亲切感。学校毕业以后，回到黄土地上，成了投身农业一辈子的农业人。在农村农业这个大自然熔炉里奋战几十载，整天奔波在田间地头。

2010年，闫让岐成立了岐山县婉丰玉米专业合作社，从事生产资料、农产品销售、农机作业服务、农业技术推广。经过几年辛勤努力，成功改变了本地区及周边玉米种植户的种植观念和种植模式，推广销售单位精良施肥播种机150台，受到广大玉米种植户的好评和认可。

2015年，随着合作社发展和壮大，闫让岐又投资500余万元在蒲村镇南庄成立了岐山县稼乐农机专业合作社。合作社现有18类174台农机具，主要从事农业耕、种、收各个环节农机作业综合服务。闫让岐带领合作社农机耕作服务队成员，顺利完成了两个镇20个行政村267个自然组的5万亩国家两轮土地深松作业任务，受到各级政府和当地农户好评。

2017年，闫让岐又承担了陕西省小麦、玉米全程机械化实施项目，经过合作社三个服务队的不懈努力，三年间在蒲村、京当、益店等镇，故郡镇郑家桥、蔡家坡镇五丈原、麟游县常丰、陈仓区天王、凤翔区横水等地完成推广示范深松+小麦免耕面积4万余亩的任务。把深松+免耕播种模式推广到周边4个县8个行政村的8400多户农家，农户每亩增加收入150元，每亩节约开支35元，推动了整个农业机械化和农业生产规模化的升级。

2019年，"嘟嘟农机"平台建设，落户闫让岐的岐山县稼乐农机专业合作社，形成了农业生产中机手与农户之间零距离接触。

近年来，随着农业机械化的推进，有力带动了农业生产规模化发展。闫让岐邀请县农机、农技主管部门专家教授，带领合作社农技推广服务队，进村入户开展宣传，举办讲座，提高农民朋友对现代化农业的认识，了解现代农业发展方向和前景。

20多年来，闫让岐默默地耕耘在黄土地上，他凭借自己的坚强信念、吃苦耐劳的品质和勇于担当的精神，蹚开了农业发展的新路子。他带领着他的服务团队，成为农业全程机械化中的主力军和西秦农机行业的领头雁，为当地的农业发展和产业转型做出了应有的贡献。他的付出，也得到了各级政府的支持和鼓励。合作社先后被县市省授予岐山县人民政府农民合作社"示范社"；宝鸡市人民政府农民合作社"优秀农民专业合作社"；陕西省农业厅、陕西省安全生产监督管理局"全省平安农机"示范社；陕西省农业机械管理局"省级现代农机专业合作社"等荣誉。岐山县政府授予闫让岐"岐山县十佳职业农民"称号。

（《黄土地上追梦人》）

李文军乐于奉献

李文军，岐山县蔡家坡小城大爱志愿者协会副理事长。他从小在父母的影响下，乐于助人、热心公益事业。

大学期间李文军就自主创业开饭馆，将所得的大部分收入以各种形式捐助给了困难学生和孤寡老人。2018年，李文军看到家乡留守人员就业难，他就选择成立劳务公司，与宝鸡周围各大用人单位合作，累计劳务派遣超500人。李文军认为，孩子是家庭的未来，祖国的希望。只有通过刻苦学习，增长知识，掌握一技之长才能使整个家庭摆脱危困、走上致富，因此，他每走进一户家中，都要叮嘱孩子们要认真学习，通过不断地努力，改变贫困现状。与此同时，李文军持续为贫困学生搭建助学桥梁，用实际行动温暖着贫困学生，为他们指明了前进的方向，用自己的绵薄之力帮助大家，赢得了附近几个村子的村民一致好评。

李文军的一系列行动，不仅促进了社会公益事业的进步，而且将爱心传递，让爱温暖世界。如今在小城大爱志愿者协会中，李文军依然组织志愿者开展助残帮困活动。不仅为身患残疾或疾病的人捐款捐物，赠送米面油、衣物等一些生活必备物品，还经常去看望这些需要帮助的人。与他们促膝交谈、拉家常，暖心互助当朋友，鼓励他们积极乐观地面对生活，不惧怕生活中所遇到的困难和挑战，替他们做一些力所能及的事情。如今李文军通过水滴筹、轻松筹帮助200多户家庭渡过难关。通过组织参加一系列志愿者公益活动，李文军在思想上更加成熟，活动能力也得到了显著增强。在他的行动感召下，病残者升腾起了希望，迷茫的少年点燃了梦想。他以最温暖的行动，践行"奉献、友爱、互助、进步"的"志愿者精神"，将个体力量融汇成能量巨大的暖流，让世界变得更美好。

2021年，李文军荣获全市优秀青年志愿者和最美志愿者两项荣誉称号。他默默奉献乐于担当，助力公益始终无悔的精神成为广大青年学习的榜样。

（岐山县融媒体中心）

冯江书写责任和担当

在岐山县故郡镇疫情防控的这段时间里，有一个人，坚守岗位战"疫情"，夜以继日守"疫线"，用实际行动诠释责任和担当，他就是岐山县故郡镇卫健办干部冯江。

"现在立马需要对渭滨中学返乡人员进行摸排，中午12时前上报"

"疫情指挥部反馈你镇存在潜在密接人员1人，请立即协查核实""请对你镇居家隔离人员立即开展核酸检测""疫情防控系统反馈你镇有3人从中高风险地区返回，请立即处理"等等，这一系列事关群众生命安全的工作需要立马核查、迅速流调，容不得有半点疏忽。纵使是凌晨4点多，临时受命接到电话的他总是第一时间冲上前，或开展信息核查，或联系镇卫生院一起陪同上门做核酸。多少个不眠之夜，工作的点点滴滴，所有的辛酸劳苦，只有他知道，每每同事问他累不累、烦不烦，他总是微微一笑，从容说道："疫情当前，生命最贵，现在是最需要我的时候，我是'行'家我先上……"

面对疫情防控严峻形势，冯江临危不乱，镇定自如，做到了精准流调、快速上报，这都源于他对疫情防控工作的轻车熟路，源于他大学攻读医学的钻劲，源于他做事的那份执着。对县疫情指挥部反馈的每批协查函，他总是不厌其烦，亲自协查，第一时间与反馈人员电话联系，问清情况、讲清政策，积极协调镇卫生院和村上对涉及人员就地分类落实管控措施，防止一切可能感染的风险。对疫情防控摸排的数据，他总是小心翼翼地和镇卫生院、村上核了又核、理了又理，生怕有任何闪失和遗漏，在故郡镇卫健办工作一年多的他，工作中从未出现过任何差错和疏漏。他总是按时按点温馨提醒机关干部做核酸，叮嘱大家戴口罩、常通风、勤消杀，可谓是足足的"暖男"。

作为一名90后年轻干部，2020年12月在故郡镇政府上班，先后在镇党政办、卫健办工作，初来上班的他是敏而好学，对待工作可谓是精益求精、一丝不苟，他履职尽责和求真务实的工作作风，得到了领导的肯定，受到了单位同事的好评。特别是在本轮疫情来袭的关键时期，他又主动承担起了故郡镇疫情防控工作的重任，与镇村干部一起开展摸排、管控、大规模核酸检测等工作，耐心细致地向群众宣传疫情防控政策和相关防疫知识。他常常利用别人吃饭、休息的时间，默默地坐在电脑前，加班加点进行系统维护、数据统计、信息核查等工作，他负责的单项工作多次受到上级部门的通报表彰，他本人也多次荣获县镇先进个人表彰奖励。

年轻有为的冯江已向故郡镇机关党支部递交了入党申请书，向党作出了庄严的承诺，表明了工作的决心和信心。当问起为何想要加入共产党时，他说道："中国共产党是最先进的组织，我想成为其中的一员，为党和人民贡献自己的智慧和力量，实现自己的人生价值，请党组织在抗'疫'中考验我，我将以党员的高标准严格要求自己，在'疫'线中锤炼自己，接受党组织考验。"故郡镇机关党支部毫不犹豫、第一时间将其吸纳为入党积极分子，为党的后备力量注入新鲜血液。

冯江是故郡镇村干部勇于担当、甘于奉献、敢为先锋的一个缩影，像冯江这样的优秀干部在故郡镇还有还多，他们夜以继日奋战在疫情防控第一线，用辛劳和坚守、奉献和汗水，坚决筑牢疫情防控安全防线，全力保障人民群众生命健康安全。

（陕西阳光网）

高考路上的领跑人王建红

现任岐山高级中学语文教师、教研组组长的王建红，自陕西师范大学毕业后，20余年来一直从事高三语文教学和班主任工作。作为一名党员教师，王建红老师坚持"高标准教书，高质量育人"。她以爱心和耐心引导学生、管理学生，用责任和担当阐述着当代教师的教育情结。

爱心传递，温暖感化贫困生。小雪为建档立卡户学生，父母离异，随奶奶生活。元旦前夕的一节晚自习，王建红去教室检查时，发现一向刻苦勤奋的小雪竟然趴在桌子上，询问后得知小雪处在女孩的特殊时期。她将小雪领到备课室，冲了一杯红糖水，轻轻抱住她，告诉她不要担心，暖和点就能好一些。第二天大课间，小雪拿来一个通红的苹果和一封信，信中写道："亲爱的王老师，感谢您对我的关心和照顾。我已经好几年没见过妈妈了，但今年遇到您，我好像又回到了妈妈身边。感谢您给我前进的力量，心灵的慰藉，学习的指导，生活的关心。这一年，有您和班上同学的帮助，我感觉不再孤单，不再失落。"高考成绩揭晓，小雪考了556分，超一本线82分！

关注心理问题学生，帮他们敞开心扉，轻松学习生活。2019届的小林同学，一直是班上的优等生。可是，一段时间发现他学习退步较大，王建红老师主动与他交流，可小林长时间沉默，怎么启发就是不开口。为了接近小林，每天语文课后，王建红老师安排小林将作业本抱到备课室，边走便与他聊学校饭菜质量等生活话题。小林开始只是听，最多说个"是"或"不是"。到第三天，小林走着走着主动开口说要请假，并小声说感觉脑子里有个虫子并一直驱散不了，周围同学都不理他，他融入不到集体中。王建红老师明白小林心理压力过大，已影响到学习和生活。随着期中考试时间临近，小林担心自己考不好，又陷入更大的焦虑之中，再次要求请假回家。此时，王建红老师原来安排和小林交流的几名学生因学习紧张也渐渐放弃了与之交流，小林似乎再次被边缘化了。有同事劝王建红老师，不要为了一棵树而毁了整片森林，多放心思在其他学生身上吧。王建红深信成就一个学生，可以扶起一个家庭，造福整个社会。她决定家访，帮小林捉出"脑子里的虫子"。

到了小林家，王建红从院子里的树聊起，启发小林回忆曾经的美好瞬间，小林的话匣子渐渐打开，讲到初中获得学习标兵时，他开心地笑了。妈妈说这是近一年来小林第一次露出笑脸，也是第一次讲这么多话。家访后，王建红坚持每天抽时间与小林电话聊天，一周后，小林终于讲出心理压力源于高二时与张同学的吵架。王建红得知张同学阳光向上，学习优秀。于是她找张同学多次交流，让张同学主动给小林打电话消除误会，二人最终握手言欢，小林也主动返校。学习基础本就不错的小林，放下心理包袱后开始全身心投入学习。高考成绩揭榜，小林如愿考上一所心仪的大学。

暖心课堂，驱散疫情阴霾。2020年春季新冠疫情下高三停课，如飞速旋转的陀螺突然停止，高三师生很不适应。为稳定学生情绪，王建红发挥常年担任高三班主任的优势，动员往届优秀毕业生为2020届高三学生连续写信20封，利用班级微信公众平台每天推出一封，鼓励并指导学生健康生活，科学备考。为保证备考质量，王建红老师严格网络考勤，奖励先进，推动后进。为保证居家学习效率，她督促学生制定学习计划表和作息时间表，并请家长拍照后发至家长群，学生、家长、班主任三方监督执行，确保高考复习质量。为了调动学生学习的积极性，她每天在群内发红包，吸引学生打卡签到，营造网上学习的热烈氛围。

以身作则求发展，互帮互助搞教研。每天下午放学后，她主动留在备课室，独自坚守在办公桌前，读书、命题、写稿、批改作业……"一分耕耘，一分收获。"近年来，王建红围绕"情境语文"，主持省级课题3项，市级课题1项；原创高考模拟试题20余套并被省级以上大型考试选用。在《语文建设》《中学语文教学参考》等发表论文40余篇，主持或参与编写高中语文教辅资料50余部，在北京、重庆等地开展讲座50余场。2020年3月疫情期间，公益网络直播课《高考语文情境视域下的应用文写作方法》，点击量超过16万，受到全国各地师生好评。2020年高考首日，应宝鸡新闻网特邀作"高考加油"专题现场直播，并被人民日报客户端、央视新闻网、人民网等8家媒体转播，现场参与人数达600万。2022年8月，受北京大学艺术学院和北京曹雪芹学会邀请，在"曹雪芹美学艺术讲习班"担任主讲教师，与北大叶朗教授、人教社顾之川老师等一起在北京为讲习班教授《红楼梦》整本书阅读，并受到各界好评。

在教育战线上，王建红老师矢志不渝跟党走、无私无我育新人。所带班级学生高考成绩连年名列全县前茅；悉心指导100余名学生发表作品。她先后荣获陕西省特级教师、陕西省教书育人楷模、陕西省高中语文名师工作室主持人、陕西省第四批名师培养对象、宝鸡市学科带头人、首届岐山名师、岐山县拔尖人才等殊荣。在王建红老师的引领下，岐山高级中学语文教研组先后被评为县级校本研修先进集体，市级优秀教研组，省级中小学学科优质教学基地。

（岐山县高级中学）

闫晓斌爱岗敬业

闫晓斌，男，1977年12月出生，中药师，岐山县济世健康有限公司益店第一药店职工。

闫晓斌自2000年从事药剂师工作以来，认真贯彻执行药品有关法律法规，如实做好药品有效期登记工作，严格执行消毒隔离制度，认真仔细审核处方，保证患者用药安全有效；他始终秉承诚实守信、质量第一的服务宗旨，工作中强化"以病人为中心，以质量为核心"的服务理念，牢固树立"全心全意为人民服务"的宗旨，时刻以爱心关怀患者，处处以诚意对待患者，当好患者的健康守护神，确保患者用药安全、有效、经济。

在工作中，闫晓斌不仅准确发放药品，还对患者进行细致的用药交代，告知用法、用量、服用时间，药品不良反应，注意事项等。有的老年患者眼睛看不清，他会仔细阅读说明书；有的听力弱，他会将对他的解答写在纸上；由于疾病的原因使有些患者或家属情绪波动，在取药时态度刻薄或询问尖锐，他总是耐心讲解，决不与患者发生冲突；遇到情绪低落的患者，他会尽可能开解劝导，让患者高高兴兴满意而去。

有一次，闫晓斌发现窗台上有一盒药，经查是一位老患者取完药后落下的，他在患者下次来取药时将药物归还原主，这位患者既惊讶又感激，他说："这是我们应该做的。"有时患者会来买一些药店没有的药品，他会立即与医药公司联系，满足患者的需求，讲究诚信是他对患者服务的承诺。

闫晓斌十几年如一日在平凡的岗位上不求名、不图利，默默无闻作奉献；不怕苦、不怕累，对工作，决不拈轻怕重，总是愉快接受，努力做好，起到了模范带头作用。他耐心细致向刚走上工作岗位的同志传授经验，起到了"传、帮、带"作用；掌握新的工作流程，体现了可贵的公而忘私的奉献精神。

一位大面积烧伤患者每次来取药时伸出的不是健全的手，而是只有两只手指的残臂。闫晓斌并没觉得可怕，反而感到深深的同情，总是微笑着把药品及票据等装在一个袋中递出窗口，帮他挂在手臂上；需要严格冷藏保存的药品，他会观察记录冰箱温度状态以保证药品的质量，自己动手自制冰块或是收集冷冻剂，免费提供给患者；为响应国家环保的号召，他主动收集空纸盒给患者；以上服务不仅受到了患者的好评，同时也提高了药店的社会声誉。

在平凡的工作岗位上，闫晓斌每天做好划价、审方、调剂、复核、发药等工作，这些看起来重复而枯燥的工作，他却越做越细心，越做越用心，因为他知道，这样的烦琐与重复是保证患者用药的最重要的关卡，而他是这道关卡的守门人，他用诚信与敬业来守这道门。近年来，益店济世医药药店无投诉、无医疗事故和差错的发生，患者满意度调查满意率达100％，赢得了患者的好评。

（岐山县融媒体中心）

白妮主动作为

白妮，女，陕西渭河工模具有限公司研发人员，也是一名有着十几年党龄的老党员，曾荣获宝鸡市首届"最美科技工作者"荣誉称号。

陕西渭河工模具有限公司承担多项国家级、省级、公司级项目。研发的产品广泛应用于武器装备、航空、航天和国家重大工程中。"军品无小事"，这就要求工作中不能出一丁点问题，为了达到这一要求，白妮和研发部同事认真对待每一种产品的论证、设计和生产。

有一年的元旦放假期间，某XBD80-300弹用谐波减速器样机试制时因某设计参数选配不合理导致产品性能无法满足要求，且这款产品是用户急需产品，元月上旬交付总体。遇到这一突发问题，白妮主动放弃休假临时受命，对该产品进行理论计算、验证和啮合仿真，确定关键件和重要件的参数，随即按计算值对产品进行生产加工，产品全部满足性能要求，该产品按期保质交付用户，白妮心中感到无限满足。她参与研制的太阳翼着陆器系列减速器以及用于运载火箭的减速器，多次收到国家航天部门的"突出贡献"贺电。

白妮还积极参与了两项军工型谱项目和一项省级长寿命机器人谐波减速器项目。主动承担了五院、中国空气动力研究院、中国兵器导控所等单位的16项新产品开发任务。产品先后在航天、航空、无人机和导弹等产品上应用，并取得较好的应用效果。多款项目已列装于军用无人机和导弹等配套重大项目中。

有道是"活到老，学到老"，长期工作在生产第一线，几乎每天都会遇到新问题。每当这个时候，白妮总会及时与研发团队一起动手解决问题。有时遇到一时解决不了的问题，她就和科协的同志们积极联系，共同探讨，研究解决问题的方案。最终，一个个困难都被突破，一个个问题都被解决，白妮的工作能力越来越强。

白妮在多次解决生产问题中，逐渐积累了大量的工作经验，总结了很多新的工作方法。她会在工作之余进行整理，汇总成经验并撰写成论文。近年来，她在国家级刊物上发表论文6篇，获得实用新型专利3项，受理专利4项。

白妮作为一名主持研发师，在公司主动发挥传帮带作用，对年轻的技术人员认真负责，耐心解答他们的每一个问题。她把自己的工作经验毫无保留地传授给年轻的技术人员，争取让他们早日独立工作，强大技术团队。同时，白妮坚持与合作单位技术人员探讨交流，拓展新产品，优化方法，使设计产品更贴合公司实际加工。她常常深入生产一线解决问题，缩短了加工周期，提高了产品合格率，提升了客户满意度。在浓浓的企业文化熏陶下，她坚持按照流程开展工作，用图纸说话，以技术服人，确保了产品质量。

白妮用"三牛精神"激励着自己努力地做好本职工作，她主动担当，无私奉献的精神得到了领导的认可和同事们的一致好评，同时也获得了很多荣誉，成为一名名副其实的优秀科技工作者。

（岐山县融媒体中心）

第七章　勤廉名言警句

　　勤廉文化是中华优秀传统文化的重要组成部分。在历史长河中，许多圣贤对勤廉思想的内涵和外延作了不同解读，这些解读发展丰富了勤廉文化，留下了许多关于勤廉文化的名言警句。这些名言警句，短小精悍、内涵丰富，从不同角度解读了勤廉文化。

　　本章由勤勉名言警句和廉洁名言警句两节组成，收录了自先秦到当代关于勤廉文化的名言警句，这些名言警句对我们今天传承、弘扬、践行勤廉文化具有启迪意义。

勤勉名言警句

一、名言

克勤于邦，克俭于家。　　　　——《尚书·虞书·大禹谟》

【释义】能勤劳治国，能节俭持家。

今予小子，祗勤于德，夙夜不逮。　——《尚书·周书·周官》

【释义】现在我小子恭敬勤奋施行德政，起早睡晚都恐有所不及。

功崇惟志，业广惟勤。　　　　——《尚书·周书·周官》

【释义】取得伟大的功业，是由于有伟大的志向；完成伟大的功业，在于辛勤不懈地工作。

尔乃迈迹自身，克勤无怠，以垂宪乃后。

——《尚书·周书·蔡仲之命》

【释义】你要使自身迈步前进，能够勤劳不怠，用以留下模范给你的后代。

尔邑克明，尔惟克勤乃事。　　　——《尚书·周书·多方》

【释义】要使你们的城邑清明，你们应该能够勤于你们的职事。

惟公德明，光于上下，勤施于四方。

——《尚书·周书·洛诰》

【释义】您的功德光照天地，勤劳使于四方，普遍推行美好的政事。

天行健，君子以自强不息。　　　　——《周易·象传》

【释义】其中"健"，是变，是动，讲的也是勤劳。万事的毁灭必源于懈怠，虽说不能要求什么时候都要紧绷着这根弦，但要是一松懈了，搞不好就出事。

发愤忘食，乐以忘忧，不知老之将至云尔。——《论语·述而》

【释义】他这个人啊，发愤起来忘了吃饭，高兴起来忘了忧愁，竟不知道衰老即将来临了。

君子曰：学不可以已。 ——荀子《劝学》

【释义】求学不可以让它停止，即学习是无止境的，只有勤奋才能学到知识。

民生在勤，勤则不匮。 ——《左传·宣公十二年》

【释义】民众的生计、生活在于勤劳，勤劳就不会出现物资匮乏。

上士闻道，勤而行之。 ——老子《道德经》

【释义】上士听了道，努力去实行。

锲而舍之，朽木不折；锲而不舍，金石可镂。——荀子《劝学》

【释义】（如果）刻几下就停下来了，（那么）腐烂的木头也刻不断。（如果）不停地刻下去，（那么）金石也能雕刻成功。

耳闻之不如目见之，目见之不如足践之。

——汉·刘向《说苑·政理》

【释义】从别人那里听来的事情，没有亲眼所见的可靠；亲眼所见，又不如亲自尝试去做。

不学不成，不问不知。 ——汉·王充《论衡·实知篇》

【释义】不学就没有成就，不请教别人就不会明白事理。

人生在勤，不索何获？ ——汉·范晔《后汉书·张衡列传》

【释义】不勤奋努力去求索，去追求，人生怎么会有所收获。

不能则学，不知则问，虽知必让，然后为知。

——汉·韩婴《韩诗外传》

【释义】不会就学，不懂就问，即使聪明也一定要谦虚，这才是真正的聪明。

读书百遍而义自见。 ——汉·陈寿《三国志·魏书》

【释义】读书上百遍，书意自然领会。

业精于勤，荒于嬉。 ——唐·韩愈《进学解》

【释义】学业由于勤奋而精通，但它却能荒废在游戏玩耍中。

强学博览，足以通古今。

——宋·欧阳修《赐翰林学士吴奎乞知青州不允诏》

【释义】不懈地努力学习，统观各类图书，足可以通达古今道理。

士勤于学业，则可以取俸禄。农勤于田亩，则可以聚稼穑。工勤于技巧，则可以易衣食。商勤于贸易，则可以积财货。

——宋·陈耆卿《嘉定赤城志》

【释义】读书人勤于学习，可以求得功名爵禄；农民勤于耕种，就会收获粮食；手工业者谙熟技艺，就可以换取衣食；商人勤于贸易，就可以积累财货。

富贵本无根，尽从勤里得。　　——明·冯梦龙《醒世恒言》

【释义】富贵本来不是固定不变的，全靠勤劳获得。

天下古今之庸人，皆以一惰字致败。　　——清·曾国藩

【释义】从古到今天下的平常人，都是因懒惰而导致失败。

伟大的成绩和辛勤的劳动是成正比例的。有一分劳动就有一分收获，日积月累，从少到多，奇迹就可以创造出来。　　——鲁迅

学习文学而懒于记诵是不成的，特别是诗。一个高中文科的学生，与其囫囵吞枣或走马观花地读十部诗集，不如仔仔细细地背诵三百首诗。　　——朱自清

我们平时说"勤学苦练"。苦，并不是"傻"的意思，而是说：练功时，第一，不要怕吃苦；第二，要苦思。　　——盖叫天

一分耕耘，一分收获，要收获得好，必须耕耘得好。

——徐特立

爱好出勤奋，勤奋出天才。　　——郭沫若

形成天才的决定因素应该是勤奋。　　——郭沫若

人的大脑和肢体一样，多用则灵，不用则废。在掌握了所读东西的

记忆特征后，就唯有勤奋二字了。 ——茅以升

天才在于积累，聪明在于勤奋。 ——华罗庚

勤能补拙是良训，一分辛劳一分才。 ——华罗庚

古今中外，凡成就事业，对人类有作为的，无一不是脚踏实地、艰苦攀登的结果。 ——钱三强

执着的追求和不断的分析，这是走向成功的双翼。不执着，便容易半途而废；不分析，便容易一条道走到黑。 ——汪国真

勤奋不是嘴上说说而已，而是要实际行动。 ——邵炜扬

天分高的人如果懒惰成性，亦即不自努力以发展他的才能，则其成就也不会很大，有时反会不如天分比他低些的人。 ——茅盾

你相信奇迹吧，奇迹总有的。奇迹总是创造出来的。天下无难事，只怕有心人，人就是要"有心"。 ——丁玲

勤学如春起之苗，不见其增，日有所长。 ——陶潜

流水不腐，户枢不蠹，民生在勤。 ——张少成

好学而不勤问，非真好学者。 ——童第周

百善勤为先，万恶惰为首。 ——俞振飞

二、警句

靠着你的勤奋，就会站在那成功的金顶，傲然挺立。

只有比别人更早、更勤奋地努力才能尝到成功的滋味。

自信来源于实力，实力来源于勤奋！

勤劳一日，可得一夜安眠；勤劳一生，可得幸福长眠。

形成天才的决定因素应该是勤奋。

人的大脑和肢体一样，多用则灵，不用则废。

没有加倍的勤奋，就既没有才能，也没有天才。

才能的火花，常常在勤奋的磨石上迸发。

所谓天才人物指的就是具有毅力的人、勤奋的人、入迷的人和忘我

的人。

勤奋是成功之母，懒惰乃万恶之源。

只要功夫深，铁杵磨成针。

勤奋的人是时间的主人，懒惰的人是时间的奴隶。

谨慎和勤奋带来好运，勤勉是好运之母。

勤勉是幸运的右手，节俭是幸运的左手。

人勤地生宝，人懒地生草。

日日行，不怕千万里；常常做，不怕千万事。

笨人先起身，笨鸟早出林。

智慧源于勤奋，伟大出自平凡。

勤学如春起之苗，不见其增，日有所长；辍学如磨刀之石，不见其损，日有所亏。

经过大海的一番磨砺，卵石才变得更加美丽光滑。

勤奋和智慧是双胞胎，懒惰和愚蠢是亲兄弟。

勤奋者废寝忘食，懒惰人总没有时间。

玉不琢，不成器；木不雕，不成材；人不学，不知理。

学在苦中求，艺在勤中练。

要得会，天天累；要得精，用命拼。

要得惊人艺，须下苦功夫。

笨鸟先飞早入林，功夫不负苦心人。

才华是血汗的结晶。

才华是刀刃，辛苦是磨刀石。

不经过琢磨，宝石也不会发光。

只有努力攀登顶峰的人，才能把顶峰踩在脚下。

崇高的理想就像生长在高山上的鲜花。如果要摘下它，勤奋才能是攀登的绳索。

不勤于始，将悔于终。

勤奋是你生命的密码，能译出你一部壮丽的史诗。

好高骛远的一无所得，埋头苦干的获得知识。

忙于采集的蜜蜂，无暇在人前高谈阔论。

努力不懈的人，会在人们失败的地方获得成功。

知识需要反复探索，土地需要辛勤耕耘。

学问勤中得。

勤奋是好运之母。

越努力，越幸运。

天才来自勤奋。

你想成为幸福的人吗？但愿你首先学会吃得起苦。

天才就是无止境刻苦勤奋的能力。

人生在勤，不索何获。

形成天才的决定因素应该是勤奋。

天才不是别的，而是辛劳和勤奋。

天资的充分发挥和个人的勤学苦练是成正比例的。

读书勤乃有，不勤腹中虚。

一分耕耘，一分收获；要收获得好，必须耕耘得好。

智慧是勤劳的结晶，成就是劳动的化身。

盛年不再来，一日难再晨，及时当勉励，岁月不待人。

努力学习，勤奋工作，让青春更加光彩。

精神的浩瀚想象的活跃心灵的勤奋：就是天才。

如果说我有什么功绩的话，那不是我有才能的结果，而是勤奋有毅力的结果。

科学的未来只能属于勤奋而谦虚的年青一代。

如果你富于天资，勤奋可以发挥它的作用；如果你智力平庸，勤奋可以弥补它的不足。

有几分勤学苦练，天资就能发挥几分。天资的充分发挥和个人的勤学苦练是成正比的。

没有加倍的勤奋，就既没有才能，也没有天才。

毅力、勤奋、忘我投身于工作的人。诚实和勤勉，应该成为你永久的伴侣。

三、吟诵勤勉诗句

少壮不努力，老大徒伤悲 　　——《乐府诗集·长歌行》

昼夜勤作息，伶俜萦苦辛。　　——汉·佚名《孔雀东南飞》

晨兴理荒秽，戴月荷锄归。——晋·陶渊明《归园田居·其三》

勤劳稼穑，必躬必亲。

　　　　——隋·佚名《亲耕籍田七首·勤劳稼穑》

徒学辨是非，只自取辛勤。　　——唐·白居易《朱陈村》

上受顾盼恩，下勤浇溉力。　　——唐·白居易《有木诗八首》

辛勤三十日，母瘦雏渐肥。　　——唐·白居易《燕诗示刘叟》

富贵必从勤苦得，男儿须读五车书。

　　　　　　——唐·杜甫《柏学士茅屋》

历览前贤国与家，成由勤俭破由奢。　——唐·李商隐《咏史》

青春须早为，岂能长少年。　　——唐·孟郊《劝学》

怅望送春杯，殷勤扫花帚。　　——唐·杜牧《惜春》

辛勤采芝术，搜斥讵成仙。　　——唐·寒山《诗三百三首》

良久惊兼喜，殷勤卷更开。　　——唐·李昌符《得远书》

问性矜勤劳，示心教澄习。　　——唐·王湾《奉使登终南山》

三更灯火五更鸡，正是男儿读书时。黑发不知勤学早，白首方悔读书迟。　　　　——唐·颜真卿《劝学诗》

周回绕天涯，所献愈艰勤。　　——唐·袁高《茶山诗》

寂寂寥寥扬子居，年年岁岁一床书。

————唐·卢照邻《长安古意》

诗书勤乃有，不勤腹空虚。　　————唐·韩愈《符读书城南》

妙年工诗书，弱岁勤组织。　　　————唐·张南容《静女歌》

若要自通云外鹤，直须勤炼水中金。　————唐·吕岩《七言》

读书不觉已春深，一寸光阴一寸金。————唐·王贞白《白鹿洞》

劝君莫惜金缕衣，劝君惜取少年时。————唐·杜秋娘《金缕衣》

草堂栖在灵山谷，勤苦诗书向灯烛。

————唐·李栖筠《灵岩寺·草堂栖在灵山谷》

不论平地与山尖，无限风光尽被占。采得百花成蜜后，为谁辛苦为
谁甜。　　　　　　　　　　　　　————唐·罗隐《蜂》

锄禾日当午，汗滴禾下土。　　　　————唐·李绅《悯农》

旧书不厌百回读，熟读深思子自知。

————宋·苏轼《送安敦秀才失解西归》

古人学问无遗力，少壮功夫老始成。纸上得来终觉浅，绝知此事要
躬行。　　　　　　　　————宋·陆游《冬夜读书示子聿》

灯前目力虽非昔，犹课蝇头二万言。　————宋·陆游《读书》

辛勤艺宿麦，所望明年熟。

————宋·陆游《十月二十八日风雨大作》

少小须勤学，文章可立身。　　　　————宋·汪洙《神童诗》

学向勤中得，萤窗万卷书。　　　　　————宋·汪洙《勤学》

人生在学勤始至，不勤求至无由期。　————宋·孙复《谕学》

栽培剪伐须勤力，花易凋零草易生。

————宋·苏舜钦《题花山寺壁》

力学如力耕，勤惰尔自知。　　　　————宋·刘过《书院》

少年易老学难成，一寸光阴不可轻。

——宋·朱熹《劝学诗·偶成》

体不勤劳谷不分，毅然植杖俯而耘。

——宋·张九成《论语绝句一百首·其一》

听政勤劳抚万方，暂留行殿驻钱塘。

——宋·曹勋《听政勤劳抚万方》

白首未尝安富贵，丹心愈更事勤劳。

——宋·强至《韩魏公生日三首》

吐握勤劳只自卑，人希宾退欲归时。

——宋·员兴宗《寿虞丞相·其七》

几年龙技学勤劳，淮拟丰餐嗜炙肴。

——宋·阳枋《和陈希舜浊醪二首又次为谋深远之作·其一》

昼出耘田夜绩麻，村庄儿女各当家。

——宋·范成大《四时田园杂兴·其三十一》

男儿欲遂平生志，五经勤向窗前读。　——宋·赵恒《劝学诗》

莫等闲，白了少年头，空悲切。——宋·岳飞《满江红·写怀》

辛勤得茧不盈筐，灯下缲丝恨更长。——五代·蒋贻恭《咏蚕》

书卷多情似故人，晨昏忧乐每相亲。　——明·于谦《观书》

富贵本无根，尽从勤里得。请观懒惰者，面待饥寒色。

——明·冯梦龙《醒世恒言》

少壮不经勤学苦，老来方悔读书迟。——《警世贤文·勤奋篇》

成事立业在今日，莫悔昨日弃今朝。　　——《昨日歌》

逆水行舟用力撑，一篙松劲退千寻。古云此日足可惜，吾辈更应惜秒阴。　　　　　　　　——董必武《题赠〈中学生〉》

辛勤劳动美如花，扮靓生活全靠它。

——谢忠斌《七律·幸福劳动美如花》

廉洁名言警句

一、名言

祸莫大于不知足，咎莫大于欲得。　　　　　——《道德经》

【释义】大至一个国家，小于个人生存最大的祸害是不知足，最大的过失莫过于贪得的欲望。

君子忧道不忧贫。　　　　　　　　　　　——《论语》

【释义】君子只为大道的存废而担忧，不担忧贫穷。

贫而无谄，富而无骄。　　　　　　　　　——《论语》

【释义】贫穷却不谄媚，富有却不骄傲。

德惟善政，政在养民。　　　　　　　　　——《尚书》

【释义】皇帝的品德应当使政治美好，政治在于养民。

以公灭私，民其允怀。　　　　　　　　　——《尚书》

【释义】用公正消除私情，人民将会信任归服。

为政者，不赏私劳，不罚私怨。　　　　　——《左传》

【释义】当权执政者不能无故奖赏于己有功的人，也不能借故惩罚与自己有私仇的人。

强本而节用，则天不能贫。　　　　　　　——《荀子》

【释义】如果能够加强农业生产，厉行节约，那么就是上天也不能使人贫困。

侈而惰者贫，力而俭者富。　　　　　　——《韩非子》

【释义】奢侈又懒惰的人贫穷，如果努力劳作又节俭的话就能富有。

治官事则不营私家，在公家则不言利。　　——汉·刘向

【释义】给公家做事，不能考虑个人的事，不能只讲私利。

勿以恶小而为之，勿以善小而不为。　　——三国·刘备

【释义】不要因为是件较小的坏事就去做，不要因为是件较小的善事就毫不关心。

静以修身，俭以养德。　　　　　　　　　　——三国·诸葛亮

【释义】依靠内心安静来修养身心，以俭朴节约财物来培养自己高尚的品德。

一身正气为人师，两袖清风能生威。　　　　　——晋·杨泉

【释义】满身正气做人之师表，清正廉洁能让人敬畏。

智者见利而思难，暗者见利而忘患。　　　　　——北齐·刘昼

【释义】聪明的人见到利益就思考得到它的难处；而愚蠢的人一看到利益就去争夺，没有考虑可能遭受的忧患。

临官莫如平，临财莫如廉。　　　　　　　　　——唐·白居易

【释义】做官时最好能坚持公平公正，面对钱财时最好保持廉洁自守。

不念居安思危，戒奢以俭，德不处其厚，情不胜其欲，斯以伐根而求木茂，塞源而欲流长也。　　　　　　　　——唐·魏征

【释义】不惦念处在安定的环境而想到会出现的危难，警惕奢侈践行简朴，道德不能保持宽厚，性情不能克服欲望，这样砍掉树木的根却希望树木长得茂盛，堵塞水的源头却希望水流得远一样啊。

人皆因禄富，我独以官贫，所遗子孙在于清白耳。

——唐·魏征

【释义】大家都因为当了官而富裕，唯有我因为做官而变得贫穷，这么做是为了留清白于子孙后代。

激浊而扬清，废贪而立廉。　　　　　　　　　——唐·柳宗元

【释义】冲去污水，让清水上来。废除贪污，建立廉正的制度。

穷不忘操，贵不忘道。　　　　　　　　　　　——唐·皮日休

【释义】即使贫穷，也不能忘记自己的操守，即使富贵也要讲究

德行。

霸祖孤身取二江，子孙多以百城降。豪华尽出成功后，逸乐安知与祸双？　　　　　　　　　　　　　　　　——宋·王安石

【释义】白手起家，好不容易取得天下，而其子孙往往轻易地把政权断送，奢华生活来自不断努力后取得的成功，而安逸享乐的背后经常隐藏着祸患。

侈则多欲。君子多欲则念慕富贵，枉道速祸。　　——宋·司马光

【释义】奢侈了贪欲就多，贪欲多了就想过豪华的生活，就会徇私枉法，招来祸患。

廉者，民之表也；贪者，民之贼也。　　　　　——宋·包拯

【释义】廉洁奉公的官吏是百姓的表率，贪赃枉法的官吏是人民的盗贼。

财能使人贪，色能使人嗜，名能使人矜，势能使人倚。四患既都去，岂在尘埃里？　　　　　　　　　　　　　　——宋·邵雍

【释义】钱财能使人贪婪，女色能使人沉迷，名誉能使人骄傲，权势能使人仗倚。如若能够免去财、色、名、势这四种祸患，难道他还会是世上的普通人吗？

苟非吾之所有，虽一毫而莫取。　　　　　　　——宋·苏轼

【释义】假若不是属于我所有的，即使一丝一毫也不去强取。

不奋发，则心日颓靡；不检束，则心日恣肆。　——宋·朱熹

【释义】不努力奋发向上，心智就会一天天变得颓废；不经常检讨约束自己，心智就会一天天放纵无顾忌。

世路无如贪欲险，几人到此误平生。　　　　　——宋·朱熹

【释义】世上的路没有比贪欲更险恶的，多少人都是因此误了一生。

为政之要，曰公与清；成家之道，曰俭与勤。　——宋·林逋

【释义】公正和勤廉是从政的要领，简朴和勤劳是持家的方法。

文臣不爱钱，武臣不惜死，天下太平矣。　　　　——宋·岳飞

【释义】文官不贪图钱财而不至于使得朝纲混乱，武官不贪生怕死，愿以死保家卫国，这样国家就会太平兴旺了。

名节重泰山，利欲轻鸿毛。　　　　　　　　　——明·于谦

【释义】把名节看得像泰山一样重，把利欲看得像鸿毛一样轻。

玉可碎而不可改其白，竹可焚而不可毁其节。身虽损，名可垂于竹帛也。　　　　　　　　　　　　——明·罗贯中《三国演义》

【释义】玉可以被摔碎，但不能改变它洁白的本质；竹可以被焚烧掉，但不能毁掉它的气节；身体虽死，却可留名青史。

勿贪意外之财，勿饮过量之酒。　　　　　　　——明·朱柏庐

【释义】不要贪求意外而来的钱财，饮酒要适可而止，不要过量。

公生明；廉生威。　　　　　　　　　——明·郭允礼《官箴》

【释义】为官公正，才能使政治清明；为官清廉，才能在百姓中树立威信。

勤能补拙，俭以养德。　　　　　　　　　　　——清·金缨

【释义】勤奋能够弥补不足，节俭可以培养廉洁的作风。

人为财死，不贪少祸。　　　　　　　　　　——清·曾国藩

【释义】人为了追求金钱，连生命都可以不要，因而不贪婪就没有祸端。

官吏，则不过为国民公仆。　　　　　　　——民国·孙中山

【释义】当官的，就是民众的公仆。

拒腐蚀，永不沾。　　　　　——毛泽东《杂言诗·八连颂》

【释义】拒绝被腐蚀拉拢，永远不要去沾染腐败的东西。

半截粉条犹爱惜，公家物件总宜珍。诸生不解余衷曲，反谓余为算细人。　　　　　　　　　　　　　　　　　　——徐特立

【释义】即使一段粉条都要爱惜，公家的东西总是要珍惜的。大家

不了解我的内心，反而说我是个只会精打细算的吝啬人。

我们国家的干部是人民的公仆，应该和群众同甘共苦，共命运。

——周恩来

为了国家和集体的利益，为了人民大众的利益，一切有觉悟的先进分子必要时都应当牺牲自己的利益。 ——邓小平

是非明于学习，名节源于党性，腐败止于党性。 ——江泽民

常修为政之德，常思贪欲之害，常怀律己之心。 ——胡锦涛

二、警句

廉洁自律心无病，求真务实业有成。

有功德乃大，无私品自高。

廉树威贪失信，廉兴国贪失家。

贪如火，不遏则燎原；欲如水，不遏则滔天。

修身养性心如玉，纵欲贪色形成魔。

身有正气，不言自威。

水清不纳污垢，政廉不迷财色。

静心超然，守一分宁静；少私寡欲，保一生平安。

树若正直，能参天成伟材；人若正直，可明理识大局。

历览古今多少官，成由清廉败由贪。

理想信念不动摇，拒腐防变根扎牢。

让廉洁铭刻心中，把清白留在人间。

不摸锅底手不黑，不拿油瓶手不腻。

清白做人，才能轻松做人；清白做官，才能轻松做官。

智者不惑，勇者不惧，勤者不贫，廉者不腐。

职权对廉洁者是一把人生的拐杖，对贪婪者是一把自刎的利剑。

清正在德，廉洁在志。

欲多则心散，心散则意衰。

一心为公是正理，贪权谋私有祸根。

位不在高，廉洁则名；权不在大，唯公则灵。

廉不言贫，勤不言苦。

言行端正，堂堂正正为人师表；洁身自好，坦坦荡荡哺育桃李。

人心如秤，称量谁轻谁重；民意似镜，照出孰贪孰廉。

不怕法律无情，就怕自身不清。

一身正气两袖清风，一尘不染克己奉公。

绊人的桩不在高，腐败的事不在小。

廉洁自守能提升生命价值，放纵私欲是自毁锦绣人生。

清廉则无畏，秉公则无私。

镜不蒙尘可照人，人无贪贿可正气。

乐自清中出，烦从贪里来。

贪婪的欲望使人堕落，廉政的品质使人奋进。

为官以廉为先，从政以勤为本。

清廉是进步的阶梯，腐败是灭亡的快车。

廉洁自律绷紧弦，拒腐防变勿思贪。

贪使人堕落，廉使人奋进。

做人贵在品，为官重在廉。

莲，因洁而尊；人，因廉而正。

为政清廉留美誉，家人走路腰板直。

骥走崖边须勒缰，人至官位要缚心。

甘守清廉报国家，不为贪赃羞儿孙。

荡两袖清风，拂去心尘坦然；树一身正气，留下口碑伟岸。

贤内助兴夫兴国荫及后代；贪内助害夫害国殃及子孙。

反腐倡廉，警钟长鸣。

立志言为本，修身行为先。

心中常念人民苦，身边牢筑防腐墙。

慎言慎行一身正气，清正廉洁两袖清风。

财欲是只虎，色欲是柄剑。

处事公平，平似水；为官清廉，洁如冰。

廉则年如一日，好过；贪则日似一年，难熬。

廉而洁，一身正气；勤而俭，两袖清风。

花以芳香而美好，官以清廉而高贵。

世上黄金贵，清廉价更高。

病从口入，腐从贪起；清正廉洁，严以律己。

松竹梅，岁寒三友，廉正清，为官三要。

戒贪，贪则无品；戒骄，骄则无知；戒惰，惰则无进。

生前博得万民爱，不唤清风自然来。

手莫长，心莫贪，尽职尽责做好官。

贪婪会桎梏你的手脚，廉洁会让你幸福一生。

莫作官仓鼠，甘为孺子牛。

清廉如同健康，失去之后才觉可贵。

三、吟诵清廉诗句

古人云此水，一歃〔shà〕怀千金。试使夷齐饮，终当不易心。

——魏晋·吴隐之《酌贪泉》

薄宦梗犹泛，故园芜已平。烦君最相警，我亦举家清。

——唐·李商隐《蝉》

廉夫唯重义，骏马不劳鞭。人生贵相知，何必金与钱。

——唐·李白《赠友人其二》

三年为刺史，饮水复食蘖。

唯向天竺山，取得两片石。

此抵有千金，无乃伤清白。

——唐·白居易《三年为刺史》

严子钓台边不少，谢公山屐上无多。

世间若也皆廉洁，金玉生根奈尔何？

——唐·贯休《苔藓》

水性故自清，不清或挠之。君看此廉泉，五色烂摩尼。

廉者为我廉，何以此名为。有廉则有贪，有慧则有痴。

——宋·苏轼《廉泉》

清心为治本，直道是身谋。秀干终成栋，精钢不作钩。

仓充鼠雀喜，草尽狐兔愁。史册有遗训，毋贻来者羞。

——宋·包拯《书端州郡斋壁》

铁面无私丹心忠，做官最忌念叨功。

操劳本是分内事，拒礼为开廉洁风。

——宋·包拯《拒寿礼》

有道隐屠钓，仁廉非偶然。倾筐出紫鳜，挥手谢青钱。

——宋·张耒《过孝感县十里所望一土山下有渔舟呼之不来》

旌廉以廉寡，树碑励贪夫。后人慕前躅，当令德不孤。

——宋·李廌《李良相清德碑良相百药四世孙也天宝中为尉氏》

君看此廉泉，不增亦不亏。炯炯玉色透，灿灿金沙辉。

——宋·黄大受《廉泉》

豪华尽出成功后，逸乐安知与祸双。

——宋·王安石《怀古四首 其一》

人生自古谁无死，留取丹心照汗青。

——宋·文天祥《过零丁洋》

能吏寻常见，公廉第一难。只从明府到，人信有清官。

——金·元好问《薛明府去思口号》

我家洗砚池头树，朵朵花开淡墨痕。
不要人夸颜色好，只留清气满乾坤。

——元·王冕《墨梅》

亦有高世士，唾视瓦砾轻。宁为冻饿殍，不受污辱名。

——元·贡师泰《古意》

能吏寻常见，公廉第一难。只从明府到，人信有清官。

——金·元好问《薛明府去思口号》

香花墩上有奇泉，饮罢头痛始觉贪。
争得长江大河水，悉于廉泉得其源！

——明·张浩宁《廉泉》

绢帕蘑菇与线香，本资民用反为殃。
清风两袖朝天去，免碍阎罗话短长。

——明·于谦《入京》

清风两袖朝天去，不带江南一寸棉。
惭愧士民相饯送，马前洒泪注如泉。

——明·况钟《拒礼诗》

检点行囊一担轻，京华望去几多程。
停鞭静忆为官日，事事堪持天日盟。

——明·况钟《离任》

若有赃私并土物，任他沉在碧波间。

——明·吴讷《题赇金》

义利源头识颇真，黄金难换腐儒心。
莫言暮夜无知者，怕塞乾坤有鬼神。

——明·李汰《拒礼诗》

千锤万击出深山，烈火焚烧若等闲；
粉骨碎身全不惜，要留清白在人间。

——明·于谦《石灰吟》

一官来此几经春，不愧苍天不负民。

神道有灵应识我，去时还似到时贫。

——明·胡守安《任满偈城隍》

但愿苍生俱饱暖，不辞辛苦出山林。

——明·于谦《咏煤炭》

乌纱掷去不为官，囊橐萧萧两袖寒；

写取一枝清瘦竹，秋风江上作渔竿。

——清·郑板桥《予告归里画竹别潍县绅士民》

衙斋卧听萧萧竹，疑是民间疾苦声；

些小吾曹州县吏，一枝一叶总关情。

——清·郑板桥《潍县署中画竹呈年伯包大中丞括》

罢郡轻舟回江南，不带关中一点棉。

回看群黎终有愧，长亭一别心黯然。

——清·蔡信芳《罢郡》

月白风清夜半时，扁舟相送故迟迟。

感君情重还君赠，不畏人知畏己知。

——清·叶存仁《不畏人知畏己知》

乌纱白帽俨然官，不倒原来泥半团。

忽然将汝来打破，通身何处有心肝！

——现代·齐白石《题不倒翁》

重上战场我亦难，感君情厚逼云端。

无情白发催寒暑，蒙垢余生抑苦酸。

病马也知嘶枥晚，枯葵更觉怯霜残。

无烟往事俱忘却，心底无私天地宽。

——现代·陶铸《赠曾志》

大雪压青松，青松挺且直。要知松高洁，待到雪化时。

——现代·陈毅《青松》

手莫伸，伸手必被捉。

党和人民在监督，万目睽睽难逃脱。

汝言惧提手不伸，他道不伸能自觉。

其实想伸不敢伸，人民咫尺手自缩。

岂不爱权位，权位高高耸山岳。

岂不爱粉黛，爱河饮尽犹饥渴。

岂不爱推戴，颂歌盈耳神仙乐。

第一想到不忘本，来自人民莫作恶。

第二想到党培养，无党岂能有所作？

第三想到衣食住，若无人民岂能活？

第四想到虽有功，岂无过失应惭怍。

吁嗟乎，九牛一毫莫自夸，

骄傲自满必翻车。

——现代·陈毅《感事书怀》

参 考 文 献

[1] 弘化社选编：《左传选》，古吴轩出版社2019年版。

[2]《孟子》，古吴轩出版社2019年版。

[3]《大学·中庸·论语》，古吴轩出版社2019年版。

[4]《增广贤文》，古吴轩出版社2019年版。

[5]《二十四史》，中华书局2000年版。

[6]《资治通鉴》，中华书局2011年版。

[7] 付易昌主编：《易经大全》，北京联合出版社2021年版。

[8] 臧翰之著：《二十五史》，内蒙古人民出版社2005年版。

[9] 王海鹰编：《官德明鉴录：吴江历代官吏勤廉故事选》，古吴轩出版社2012年版。

[10] 秦汝高著：《献给中小学班主任老师们：引路人的责任与担当》，黑龙江人民出版社2021年版。

[11] 蘅堂退士：《唐诗三百首》，中国文联出版社2016年版。

[12] 周仁济、曾令衡编著：《唐宋词百首浅析》，湖南教育出版社1984年版。

[13] 周密编：《绝妙好词》，吉林出版集团2017年版。

[14] 林予之主编：《唐诗三百首》《宋词三百首》，远方出版社2020年版。

[15] 王震亚、孙秉伟、修月娥、贾立编著：《浅易文言文阅读训练》，中国旅游出版社1993年版。

[16] 胡奇川著：《中华名言警句精粹》，江苏凤凰美术出版社2015年版。

[17] 刘振远主编：《常用名言警句辞典》，商务印书馆2011年版。

[18]《格言警句2000句》，商务印书馆国际有限公司2018年版。

[19] 方圆主编：《中华典故》，天津人民出版社2019年版。

[20] 李建臣著：《钱伟长》《李四光》《钱学森》《邓稼先》《竺可桢》《华罗庚》《钱三强》《童第周》《苏步青》《陈景润》，中国纺织出版社2020年版。

[21] 金强、王晨辉编：《反腐警示录：廉政提醒60例》，中国长安出版社2013年版。

[22]《廉政警言100句》，中国方正出版社2021年版。

[23] 申圣云主编：《党员干部必知的中国清官》，中国言实出版社2020年版。

[24] 邱勇主编：《榜样：古今中外名人廉洁故事》，广东人民出版社2016年版。

[25] 邢扬主编：《励志成才的故事》，吉林人民出版社2014年版。

[26] 王文升主编：《中国廉政勤政故事》，中国方正出版社2008年版。

[27] 戴圣编：《礼记》，光明日报出版社2019年版。

[28] 闻珺编著：《奇谋制胜》，吉林人民出版社2015年版。

[29] 弘化社选编：《尚书》，古吴轩出版社2019年版。

[30] 郭漫主编：《中国名人成才故事》，航空工业出版社2010年版。

[31] 肖云儒主编：《陕西精神》丛书，陕西人民教育出版社2012年版。

[32] 尹夏清主编：《陕西历史文化遗产读本》，陕西旅游出版社2021年版。

[33] 宝鸡市职业农民培育工作办公室等编：《黄土地上追梦人》，2019年版。

[34] 岐山县关心下一代工作委员会等编：《岐山好家教好家风采录》，2022年版。

后　记

　　编撰《周文化传承丛书》是岐山周文化研究会为深入贯彻落实岐山县委、县政府"做活周文化"战略而开展的一项系统性文化工程。为高质量完成这一承载着岐山各界人士心愿的文化工程，自编撰工作启动以来，编委会成员经过多次交流讨论，确定编写体例，制定编撰大纲，这为编撰工作的顺利进行奠定了基础。

　　2021年10月，编委会将《勤廉卷》编撰工作交给我，我深感责任重大，使命光荣。为搜集资料，我多次向相关周文化研究方面的专家学者请教。在疫情肆虐间隙，或奔波于书店、图书馆之间，或登上网络平台，购买书籍、查阅资料。我深刻体会到，编撰《勤廉卷》的过程实质上是学习勤廉文化的过程，就自身而言，在这种充满挑战的过程中无疑丰富了周文化方面的知识，了解了周人在艰苦岁月中求生存、谋发展的伟大历程，感受了数千年来中华儿女勤奋务实、清正廉洁的高尚品德，增强了民族自信心、提升了自己的思想境界。在周文化研究会领导和同仁们的支持和帮助下，终于完成了《勤廉卷》的编撰工作。在此，一并向予以关心、支持和帮助过的领导、师友表示感谢。

　　《勤廉卷》由话说勤廉、尚勤典故、勤勉做事、崇廉典故、清廉做人、弘扬勤廉美德的岐山人、勤廉名言警句7章内容构成。

《勤廉卷》以叙述的方式，用通俗的语言讲述自先周以来，历代勤勉励志与清廉做人模范人物的感人事迹。同时，选录了历代名人有关阐述勤廉方面的名言警句和赞美勤廉的诗词，以供读者鉴赏。

编撰工作既是一件艰辛的事情，又是一件快乐的事情。由于本人水平所限，问题在所难免，实属憾事，敬请各位专家学者和广大读书不吝赐教。

邵宏涛

2023年3月

跋

　　2021年10月，我有幸当选为第三届岐山周文化研究会会长，在会员代表大会上，我表态要学习继承前任经验，按照创造性转化、创新性发展的思路，拓宽研究领域，在周文化传承践行上下功夫、做文章，使地方优秀传统文化更好地服务于经济社会发展。按照县委、县政府"做活周文化"战略部署，经过反复讨论，我们提出编撰一套《周文化传承丛书》，涉及《勤廉卷》《德行卷》《诚信卷》《家风卷》《教育卷》《孝道卷》《礼俗卷》《人物卷》共八卷，挖掘整理历史典故和民间故事，垫实基础文化资料，找准主题内容的源头，然后从历代传承入手，理清传承人物和传承故事，包括岐山人的传承践行事迹。要求语句通俗易懂，不穿靴戴帽，成为大众通俗读本和老百姓的"口袋书"。思路理清后，我们召开周文化研究会常务理事扩大会议，反复修改讨论，广泛征求意见。同时，征求了宫长为、孟建国、范文、霍彦儒、王恭等专家学者的意见和建议，并与杨慧敏、郑鼎文、刘剑峰同志反复沟通协商，提出编撰大纲。再次召开周文化常务理事扩大会议，进行讨论修改，落实撰写人员，明确分工任务，确定完成时限。随后，我向县委书记杨鹏程、县长张军辉分别汇报，得到了领导的肯定和支持，要求抓紧编撰，打造周文化传承精品工程。

　　《周文化传承丛书》八卷本大纲确定之后，各位撰稿人踊跃积极撰写，主动走访座谈，广泛搜集资料。年逾古稀的老会长郑鼎文先生冒着酷暑，坚持每天撰写在 10 小时以上。刘剑峰同志为了搜集孝道方面的内容，翻阅了大量文史资料，走访了多名文化人士，当他搜集到历代岐山人传承孝道的感人故事时，流下了热泪，为岐山人传承孝道而感动。青年作者马庆伟同志，承担着《德行卷》和《诚信卷》两大编撰任务，他白天忙于机关工作，利用晚上和休息日加班撰写，有时写到天亮，家属多次催他休息，他趴在桌子上打个盹又继续写作。每位编撰人员认真勤奋刻苦敬业的编撰故事，件件令人感动，催人奋进！有的作者风趣地说，《周文化丛书》人称"周八卷"，我们现在编撰的是"新八卷"，新八卷是《周文化丛书》的继承和发展。编委会要求高质量完成编撰任务，既要体现周文化的博大精深，又要传承发扬光大，从而使周文化深深扎根于读者的心坎里！

　　《周文化传承丛书》的编撰发行，离不开各级党政组织和社会各界的大力支持与厚爱。宝鸡市社科联周文化资深学者王恭先生，担任本丛书编辑和统稿工作，从 2022 年 10 月开始，王恭先生对送来的丛书初稿，按照体例要求，逐字逐句推敲，认真仔细修改，为丛书出版做出了贡献！中国先秦史学会会长宫长为先生对丛书编撰给予精心指导，并为本丛书作序，对丛书给予充分肯定，鼓励要求我们大力挖掘周文化资源，花大力气传承周礼优秀文化，使周文化彰显璀璨魅力。县人大常委会主任王辉，县政协主席刘玉广对丛书编撰出版工作给予大力支持、精心指导。县委常委、宣传部部长王武军对丛书编撰工作高度重视，要求高质量完成编撰任务。县文化和旅游局局长杨慧敏在丛书编撰过程中，从历史典故、历代传承到现代传承提出了意见和建议，对丛书出版予以精心指导。在出版社审稿期间，马庆伟同志对书稿又进行认真核校，并与出版社衔接沟通，精益求精，力求做到万无一失。

由于丛书编撰时间紧迫，内容还缺乏系统性和完整性，词汇和语句有许多不足和缺陷，有些典故和传承故事难免出现重复，望广大读者给予指导雅正，以便更进一步做好编撰工作。

岐山周文化研究会会长　傅乃璋

2023年12月